経営学の技法

ふだん使いの三つの思考

舟津昌平

SHOHEI FUNATSU

日本経済新聞出版

最初から読むのがまどろっこしい方は、
気になった問いから、読んでみてください。

買われた本の半分以上は一度も読まれず、買った本を全部読む人はほとんどいないらしいと、聞いたことがあります。この本もきっと、買っていただいたほとんどの方は読まずに終わってしまう。じゃあ、面白いとこだけ読んでもらってもいいですよ、という精神で、こういうページを設けました。もちろん、全部読んでいただけるのが、一番よいことです。

経営学の技法——ふだん使いの三つの思考　目次

第4章 経営科学は役に立つのか？——箴言思考のすすめ 163

はじめに　専門家の時代の経営学

現代は「専門家の時代」の様相を呈している。コロナ禍は大きな契機だろう。まったく先の見えない不安で不確実な状況下で、「専門家需要」が急速に高まっていった。誰か専門家に聞けば、科学とかそういった見地から答えを与えてくれるだろうと、社会全体が期待していた。この期待は部分的に正しかったし、部分的に間違っていた。

コロナ禍に直面するなかで多分野にわたる多数の専門家が、社会を少しでも良くしようと奮闘した。その結果として救われたことも多かった。一方で専門家の働きが十分に伝わらず、ミスコミュニケーションが多発していたようにも見受けられた。

このような一般社会と専門家との知の伝達といった話を「専門」とするのがサイエンスコミュニケーションという領域である。専門家たちは科学的知見を社会に伝えようと日々試行錯誤しているものの、日本では（おそらく、他国でも）まだまだサイエンスコミュニケーションが行き届いてはいない。

なぜ、サイエンスコミュニケーションはうまくいかないのだろうか。

以前とある本を執筆した際、ネットレビューに次のようなことが書いてあった。「この本は面白い箇所もあるけど、根拠が無い。教授であるならば論文でも書いて数値を出してくれたほうが、信憑性があるのかなと」。根拠が無いといっても、多数の聞き取り調査を行い、関係者の証言を引用して載せていた。学術的にも妥当な方法である。

しかしこのレビュアーの方にとって、証言は根拠でなく（第4章参照）、論文に書かれた数値じゃないと信頼が置けないようなのだ。いったい数値とは何の数値なのか、それを知ってどうなるのかわからないけど、この方にとっては数値をくれる専門家が良い専門家なのだろう。

論文を書いて数値を提供する。ああなるほど、これが現代の専門家の役割か、とどこか腑に落ちてしまった。まったく単一の事例ではあるけど、こういう方は世に多そうだな、そんなに特殊な例じゃないだろうな、とも思った。

なぜならコロナ禍においても、ワクチン接種とか外出自粛とか喫緊の問題について「科学的な知見を」「数値によって」「間違いなく完璧に」専門家が教えてくれるべきだ、という意見がたしかに聞かれていたからだ。それを求める気持ちもよくわかる。

しかし、この志向には解決しがたい矛盾が内在している。まず専門家の知見というのは、語弊を恐れずに言えば、根本的に難しくてわかりにくい。「論文で数値を」というニーズに応えて数値が載った論文を発表したとしても、科学のトレーニングを積んでいない一般人が論文を読解するのはほぼ不可能であるし、頑張って読んだとて労力に見合うような知識は得られないと思われる。論文は書くのも読むのも相当に前提知識を必要とする。

敢えて簡単で単純な形、たとえば「成果主義を導入すると社員のモチベーションは○％向上する」みたいな要約をすれば、先述のニーズにも応えうるだろう。「論文で数値を」も、「簡単にまとめろ」の言い換えなのかもしれない。でもそれは重要な情報や条件をそぎ落としまくって成立する伝達方法である。受け手の満足感に比して「誤解」を招く危険は跳ね上がる。「意図的に誤解させる」ことも、はっきり言って簡単である。

正確なかたちで理解したいと思っても、到底理解できない。わかりやすく伝えてもらってしまうと不正確になる。科学知を一般社会に届けるのは、まじめにやろうとすれば相当に難しいのである。

こうした背景を知りながら、特に経営学に関して専門家の積み上げた知見を、一般人に読解可能な形で届ける。これが本書の最たる目的の一つである。それは現代で高い需要があると同時に、かなり難しく、かつ悪い結果を招きかねない冒険でもある。

ところで、ちまたでよく聞く「研究ジョーク」がある。大学かどこかで学生が発表していて、質疑の時間に移る。すると、大御所の教授が手を挙げて言うのである。

「すみません、この分野は素人なんですけど…」

いやいや、あなたに比べたら私の方がよほど素人ですよ、と発表者自身が言いたくなるようなセリフである。これは戯画化された、誇張された話でありつつも、実際こういう場面はないではない。謙遜を含めて、専門家はよく「自分は素人なのですけど」と言う。少なくとも「この分野はあんまり知らないんですけど」はよく聞く。

色んなことをかなり勉強したであろう「教授」が、教授ほど、自分は素人だと言う。そう考えてみると、素人ってなんなんだろう、またその逆のくろうと―専門家―ってなんなんだろう、と思えてくる。細かい考察は少しおいといて、とりあえず「専門家」と「素人」という二つを対置してみよう。

本書が目指したのは、「素人が経営学を日常に活かすこと」である。そのための工夫がいくつかある。まず、できるだけ難解な表現や数式を排して、自然言語で記述することである。難解にみえる表現にこそ豊かな意味が込められるし、数式はコミュニケーション上、きわめて有用なことに違いないのだが。

また、まっさらに考えるために、各章を「素人質問」から始める。既に頭に棲みついたあれやこれやを一度隅に置いて、改めてシンプルで抽象的な問いについて深めようという狙いに基づく。

本書は、主には経営学に興味がある方を読者として想定している。あまり知識はないかもしれないけど経営学を学んでみたいとか使えそうとか思っている方に、成功を約束するでなく、難解に過ぎるでなく、いい塩梅の「使い方」を示すことができるよう腐心した。

専門知としての厳密性と、ふだん使いができる実効性。その二つがこんな形なら両立可能なのではないか、という試行錯誤を経て、本書はつくられている。本書が伝えようとした「学問の技法」とは何であるか、という問いを頭の隅に置きつつ、読んでいただければと思う。

第1章
経営学にきいてみる

学問という行為を構成しているさまざまな手順には、それぞれの時代に、一定程度、共有されている技術ないし作法があります。（中略）学ぶということは、個別的な学問領域の成果を学ぶだけではなく、そうした知の技法を習得するということでもあるわけで、むしろそれこそが、大学という知の共同体を基本的に支えているものなのです。

――小林康夫・船曳建夫編『知の技法』

1. 学者にできることを考える

学者にしかできないことって何ですか

ある日、知人と夕食を共にしていた。その方は経営学をまなぶ「ビジネススクール」の同期で、今はシンクタンクで働いている方だ。何気ない会話の中で、ふと、質問を受けた。

「ところで、学者にしかできないことって、何だと思いますか」

筆者は大学で働く経営学者である。予想外の質問に面食らいつつも、答えてみる。

「うーん、分析能力とか、論理的思考力ですかね」

ふだんから論文なりを書くことを生業としているので、物事を分析したり論理的に考えるといったことには、それなりに長けているつもりでは、ある。

「でもそれって、コンサルとかでもできるじゃないですか」

そうですね…と言うしかない返しだった。学者に「しか」できないのかと言われると、たしかにそうではない。

「抽象的な概念を操るっていうのは、どうでしょう」

ここは、差になるかもしれない。学者はだいたい概念を扱うし、抽象思考を重視している。本書で扱う官僚制組織とか、まさにそういうのである。

「でもそれも、最近は民間でも、やるっちゃやるじゃないですか」

うーん、まあ、それもそうだ。最近のビジネスシーンでは、アカデミックの知が輸入されていることが珍しくない。「心理的安全性」など学術発の抽象的な概念が社会人にウケることがあって、そういう知を伝達することを仕事にする人は、シンクタンク等をはじめとして世にそれなりにはいらっしゃる。

「どうなんですかね、何かあるでしょうかね」「どうなんでしょうね」

その話は弾まないまま、夕食を終えた。

学問への「社会的要請」

「学者にしかできないことって何ですか」。存在の必然性を改めて問われているとも解釈できる。場面によっては相手をムッとさせそうな問いだけど、知人はおそらく本当に気になって、知りたくなったのだろう。そして、あまりまともな答えを得られず会話は終わってしまった。

なんとなくモヤモヤしつつも、こういう経験は珍しくはなく、よくあるといえばある。現代は、学者が、自分の必要性を世に喧伝しないといけない時代になっているからだ。

２０１５年、文部科学大臣から大学に対し「国立大学法人等の組織及び業務全般の見直しについて」という「通知」がなされた。その中にとてもショッキングというか、波紋を広げた一節があった。教員養成などいわゆる教育系、および人文系の分野に対して、「組織の廃止や社会的要請の高い分野への転換に積極的に取り組むよう努める」ように要請がなされたのである。

感情的な読解にならないように細心の注意を払ったとしても、「人文系は社会的要請が高くないので、大学としては違う分野に重点を置きましょうね」と言われていると理解できる通達だ。文学が好きな高校生が小説ばっかり読んでいたら「もっと役に立ちそうなこと勉強しなさい」と親から叱られた、みたいな話である。

学者の売り込みと類焼

これ以降、一部の学者は、「要不要」に対して過剰に反応するようになってしまった。

一例を挙げよう。2024年、Mrs. GREEN APPLEという人気ロックバンドのミュージックビデオが、差別を助長しているとして炎上した。いわゆるコロンブスによる侵略問題を想起させる表現が見受けられ、不見識で差別的ではないか、と指摘されたのだ。

それに際して、「巻き込み炎上」が発生したことはあまり知られていないかもしれない。ある人文系の学者の方が、MVの表現がいかに問題か細かく指摘したのち、こう発信したのだ。「人文系博士を雇っておくと、一回見ただけでもこれくらいのことは言えるので、大企業は雇ってみてはどうでしょう」。このポストは瞬く間に「類焼」していった。

ウォッチした限り、炎上要素は二点あった。まず、こうした警察的態度が、エンタメの表現の自由を奪っているという話。昨今の「ポリコレ」をめぐるネット感情が噴出したともいえる。そして学者が金儲けを企んでいるという見方。お金を出してこの方を雇ったとて炎上は回避できるのか、炎上したら責任とれるのかという言い分である。

別に当該研究者の擁護や糾弾をするわけではない。ただ昨今は「ファクトチェック」みたいなことも求められる時代で、ネットでは反感を買ってしまったものの、創作物や出版物について「専門家」に意見を乞うておくという手順はそれなりに確立されてはいる。

そして何より先述の経緯から、人文系が「社会への食い込み方」を模索するのは痛いほど理解できる。あなた達は社会に要らなさそうだね、退場するか転換してねと言われた人々が、自分はこういう風に役立てます！と勇み足になってしまったのだと、筆者は解釈している。

経営学は役に立つか？　それは誰にとってか？

まあつまり一部の学問分野では、「社会にとって要るのか要らんのか」という問いをめぐって喧々諤々なのである。

そして経営学も、他人事ではないともいえる。経営学は大区分としては「社会科学」に類し、人文学とみなされることはあまりない。ただ人文学の「隣接分野」ではあるので対岸の火事ではない。経営学との知的な交流がわりと盛んな社会学や歴史学は人文学に分類されることも多い。同胞が危機にある、といった状況ではあるのだ。

とはいえ本書には、別に分野の名誉をかけて蜂起しようとか、そんな大それた狙いはまるでない。雇っていただけるのはとても嬉しいけど、大企業に雇ってもらおうというわけでもない。ただ、こうした「大学」や「学問」の激動期だからこそ、自分野にできることを自問自答してみようという狙いがある。言い方を変えれば、経営学に訊いてみたくなったのだ。われわれには何ができるのでしょうか？　と。

経営学は役に立つのか？　本書は、この遠大で、そして危険な問いを扱うことを試みる。学問は役に立つのか。「稼げる大学」なんて言葉が生まれる現代で、学者であるかないかを問わず直面しうる、社会性の高い問いにはなっているはずだ。

ただ最初にはっきり断っておきたいのは、一般にこの手の問いを議論したとて、最終的にはイデオロギーのぶつけ合いにしかならない可能性が高いということだ。だから危険な問いなのである。先述の人文学者のように機を見て自分野の正当性を訴え、それにオーディエンスが応じるか否かというパワーゲームの様相になることが残念ながらほとんどであろう。はっきり言って、役に立つかどうかの是非を問うこと自体、スジが悪いのだ。

ブルーノ・ラトゥールという著名な学者は科学社会学というジャンルを確立させた。完全なる知性・理性・合理性の粋を集めたようにみえる科学の世界は、実は権力やイデオロギー、思い込みにも少なからず影響を受けている。ラトゥールが指摘したように、知性を集結させた科学の世界もまた、非合理と理不尽が暗躍していることには違いない。

歴史は繰り返す

具体例から考えよう。以下は、インターネットの黎明期に活躍した電子工学者・猪瀬博氏へのインタビューからの引用である（改行のみ加筆）。

「私は1948年に東大を卒業しました。そのころは第一工学部と第二工学部と、東大には二つの工学部があって、私は千葉の第二工学部の方に振り分けられていました。

ところが、そのころ『戦争に負けたのは、科学者や技術者がだらしなかったからだ。もう日本には技術は要らない』という議論が人文社会系の先生方から沸き起こって、ついに第二工学部をつぶしてしまえということになりました。その結果、第二工学部は大規模に縮小されて、残りが生産技術研究所になったのです」

戦後、「敗戦処理」を負わされるかたちで、当時の東大工学部は縮小を余儀なくされた。推進したのは主に人文系だという。この頃は作家の志賀直哉が、日本語ではなくフランス語を国語にしようなどと荒唐無稽なことを言い出した時代でもあった。ちょっと合理性が見出せない意見である。敗戦というのはやはり相当にショックな出来事で、知識人も動揺してあらぬことを言ってしまう状況だったのだろう。

２０２４年の今、もう一度理系VS.文系という構図を立てるなら、理系がかなり優勢になりそうだ。教育・人文はゆるやかに撤退なさいという勧告が国からなされる一方で、データサイエンスやＡＩ、医科学などには社会的期待も高いし、お金を出すべきだとみんな思っている。

戦後も還暦どころか80年が経とうとしている。80年経って、日本経済の失われたX年を取り戻すために今後は人文系が消されようとしているとしたら、なんという皮肉だろうか。文系が理系にしてしまったことが逆の立場でなされているという因果応報だとみるのは、穿った見方だろうか。

2. 経営学と経営学者

さて改めて、経営学がいかに社会の役に立てるか？ 何に使えるのか？ みたいな話が、本書の主題の一つである。繰り返すようにその問いは「政治的」にしか答えが出ないことが多いし、学問の要不要を問うこと自体がナンセンスであることは、重々断っておきたい。

ところで経営学には、経営学に関わる人々に由来する特有の問題がある。経営学には主に、「専門家」たる経営学者と「素人」たる一般人、そして「実務家（実践家）」が関わる。実務家との接点が多いこともあって、経営学は「実学」として扱われることが多い印象だ。しかし、実務と関わるからこそ生じる疑問も、当然ある。

経営学者は研究を生業にしているため、経営そのものに携わることは少ない。ゆえに経営学者が最もよく聞かれる質問の一つが、「なんで経営してないのに、経営のことがわかるんですか？」という問いなのである。明らかにハナからバカにする感じの聞き方のときもあるものの、多くは純粋に問うていらっしゃるはずだ。

多少ふざけるなら「ゴリラの研究者にゴリラはいませんよ」と答えるのがよいと思っている。「ゴリラはこう生きてて、だから人間は本来は…」とかゴリラの研究者がまことしやかにゴリラの話をすると、皆感心して聞き入る。ところが経営学者が経営を語ると「経営したことないくせに」という声が必ず聞かれる。いずれ科学が進歩したらゴリラにも訊いてみたい。ゴリラ学者はこう言ってますけどハラオチしてますか、と。

ただ、研究者とゴリラは（たぶん）コミュニケーション困難だけど、研究者と経営者は対話が可能である。もっとわかりあえると思っているからこそ、わかりあえないことにもどかしさと不満を覚えて、「経営のことわかるんですか？」みたいな問いが出るのかもしれない。

学者が経営する

学者が経営できるのかについて、いくつか例を挙げたい。坂本藤良という人がいた。東大経済学部出身。歴史的にみて、おそらく初めて経営学者として世間に名を知らしめた人物である。１９５８年に出版した『経営学入門』という本が大ヒットして、テレビや講演に多数出演。大物経営者たち、たとえばホンダの本田宗一郎、ソニーの井深大、東芝の土光敏夫らと対談したりもしたらしい。

ベストセラー作家という以外に、坂本を有名にした事件がある。実家の製薬会社を倒産させたのである。経営学者が経営できないのか、と非難ごうごうだったようだ。坂本がタフなのは、後に自身の経験をもとに『倒産学』という本に著したことだ。逃げずに本にまとめたという点では、ある意味誠実な気はする。

もう一つ例を挙げたい。森泰吉郎という人物をご存じだろうか。六本木ヒルズなどを所有する「森ビル」の創業者が経営学者だと言った方が、インパクトがあるだろうか。

森泰吉郎は、名門・横浜市立大の商学部長まで務めた学者だった。専門は経営史。学部長を務めるというのは周りの信頼がないとできない。ひとかどの学者だったということである。森は55歳での退職後に不動産業に専念し、今の森ビルに繋がる地盤を一代で、しかも定年後に築き上げた。対比するなら、坂本は経営者として明確な失敗例で、森は成功例である。双方とも学者としてある程度評価されていることは共通している。

また分野は違えど、世界一有名であろう「学者が経営した企業」の例も出しておきたい。ノーベル経済学賞受賞者であるマイロン・ショールズとロバート・マートンが取締役に加入していたＬＴＣＭ（ロングターム・キャピタル・マネジメント）である。ショールズとマートンは金融工学という分野を開拓した先駆者であり、LTCMはいわゆるヘッジファンドのはしりであった。最先端の学術理論を実務に応用したのだ。

LTCMは創業当初は、順調に利益を上げていく。科学を現実に応用すれば、それは巨額の富に繋がる…という話だけならよかったのだが、その後LTCMは巨額の負債を抱えて破綻する。ノーベル賞学者（が加わった経営陣）すら、経営に大失敗したわけである。

Coffee Break

プレゼンテーションとレトリック

さて、いくつか「学者の経営」の例を挙げた。坂本、森、LTCM、と例を挙げてみて、結局経営学者は経営ができるのだろうか。ここで注意したいのは、もし意図的にいずれかの例だけを挙げたら、聞き手の印象をある程度操作できうる、という点だ。

坂本やLTCMの例だけを見せて「ほら、やっぱり学者なんてダメでしょ」と結論づけることはできる。逆に森の例をもっと細かく紹介して、いかに学者が経営者としても有能かを示すこともできる。特定の事例（のみ）を挙げて結論を誘導することは、そんなに難しくはない。

学術の世界にもプレゼンテーションの巧拙は存在する。世界一著名な経営学者であろうハーバード・ビジネス・スクールのマイケル・ポーターは、非常に巧みなプレゼンテーターである。

シェアード・バリュー（Shared Value）という概念をご存じだろうか。先述のＬＴＣＭのような金融バブルが過熱し、ますます格差が拡大し、利益第一主義が先鋭化するアメリカにおいて、環境配慮など社会価値の重要性を訴えた概念である。２０１１年に「シェアード・バリューを創造する」という論文が発表されたことで、世に知られるようになった。

ファイブ・フォース分析などで世界的に著名であり、経営戦略論の大家であったポーターがこのような概念を掲げたことには、それなりのインパクトがあったはずである。ただポーターらの２０１１年の論文は、ざっとこんな感じで展開される。ウォルマートやコカ・コーラ、ネスレなどの著名な大企業の名前を挙げつつ、ある企業はこうした環境配慮施策を導入したから何ドルの利益を得た、貧しい農家がこのテクノロジーを導入したら収入が何倍になった…。

「論文を書いて数値を示して」はいるものの、成功事例を列挙しているだけといえばだけなのである。ただ、有名企業や数値が並ぶレトリック（修辞）の効果もあって、なんとなく納得させられてしまう力がある。

この論文自体、壮大なビジョンを提示することが目的なのであり、緻密な検証を目指してはいない。検証は後続研究に託すというのも立派な「科学的態度」だし、実際にシェアード・バリューの効果を検証する論文は後に少なからず発表されていく。

ただ、科学とか学問の皮を纏って、結論ありきで有利な事例だけを見せて自説を補強する。そういうことをするのはさほど難しくはないのだ。ちなみに本書もかなり「事例列挙型」である。レトリックに騙されないよう重々気をつけていただきたい。

専門知の社会還元

経営学者が経営できるかという問いについては、成功例もあるし、失敗例もある。なかなか一般論が導けない難題であるように思える。事例列挙は詐術だから何か統計的な数値を出せと言う方もいらっしゃるだろうが、統計分析に足るサンプルサイズがないから難しい。ただ実は、それは別に問題ではないのかもしれない。なぜなら、学者は「専門知」を生み出すことに専念して、それを基にアドバイスなりをして、経営者がそれに活かせばいいという「役立て方」もあるからである。

経営学に限らず、学者の専門知を社会に還元する発想は普遍的に存在する。建築学の先生なら、工事するとか実際に建築「そのもの」を手掛ける必要はなく、建築に対して知見を提供する。ゴリラの研究者がゴリラである必要もなく、ゴリラに関する知を社会に届けてゴリラの保護や発展に寄与できれば、必要十分だといえよう。

まあつまり、経営学者が経営できるかという問いの立て方がミスリードなのであって、もっとシンプルに考えれば「学者の知を社会に活かす」という点に絞って考えればいいのだ。経営学は専門家だけにとどめるのでなくて、より多くの方に知ってもらう価値があるはずだから、経営できるかとかは置いといて、その知を届けることに専念すればよい。

3. 専門にまつわるエトセトラ

ただ専門知を社会に届けるといっても、それも簡単ではない。経営学では高度な専門化が進んでいて、言い方は悪いが「素人」にとって理解することがますます難しくなっている。経営学に限らず、ほとんどの学術分野ではそうだと思われる。理由はおおきく二つ考えられる。専門性が複雑になっているから。そして、狭くなっているからだ。

心理学の危機、そして克服へ

科学は日々進歩している。一例として、経営学の近傍領域である心理学の話をしたい。ちなみに何が「近傍」なのかというと、経営学研究には心理学を応用した研究が多いのである。経営学は「インターディシプリン」、つまり複数の領域が混ざり合って専門性が形成されている学問で、心理学は経営学にとって知識の「借入先」の一つである。

Coffee Break

経営学とは何か？

そもそも経営学とは何であって、何を指しているのか。これは実は難問である。学術的な専門領域は混淆していることが多いのでどの分野にも言えることではあるが、特に経営学は混沌としている。

経営学に「関与」する学術分野として、経済学、心理学、社会学、歴史学、などがあり、ディシプリンと呼んだりする。ディシプリンはここでは専門的基盤という意味で用いられると同時に、一般的には規範や慣習といった意味も含む。単なる知識や理論にとどまらず、「〇〇学しぐさ」みたいなものも存在し、それごと輸入しているのである。

で、経営学って何なの？ と問われると非常に難しいのだけど、経営学を定義するなら「経営に関する学問」となるだろう。ある方の比喩を借りると「小児科」である。

医療の世界にも専門性があって、外科や内科といった区分がある。対して小児科は子どもを対象とすることが定義であり、内科かつ小児科のお医者さんもいれば、外科かつ小児科の方もいる。経営学は同様に「対象によって規定される」領域なのだ。より具体的には、会社や職場、組織、といったものに関連している学問を総じて「経営学」と呼ぶのである。

その心理学にとって、2011年は激動の、まさに歴史が変わった年だとすら言える。「再現性の危機」が提起された年だからだ。2011年、コーネル大学のベム教授は、人間には未来予知能力があるという旨の論文を発表した。しかも当該分野の「トップジャーナル」つまり掲載が難しくハイレベルな論文ばかり揃っているような雑誌に、である。「なんだって！人間に予知能力があることが、科学的に証明されたとは！」と無邪気にはしゃぐ人ばかりではなかった。さすがに、どんな過程でそんな結果になったのか疑問視され、検証が試みられた。結果として、業界をゆるがすようなショッキングな事実がいくつか発見される。たとえば、心理学のトップジャーナルに載った論文100本弱を「追試」した結果、36％しか結果が同様に支持されなかった。つまり、再現できなかったのだ。

かつてＳＴＡＰ細胞騒動でも話題にのぼった「再現性」は、科学における重要な概念である。再現性がない研究が即時に間違っているわけではない。研究の正誤や真偽はそんなに簡単に決まらない。ただ、心理学における最高峰だと思われてきた知の中で４割弱しか再現性がないという事実は、なかなかショッキングである。

科学的思考が進歩を生む

言いたいのは、だから心理学ってダメだよね、って話ではない。再現性の危機を受けてからのここ10年で、主に心理学の「中の人」によって、着実に改善が図られているという事実こそが重要である。科学は、常に内省し進歩を図る人々によってつくられている。

ある著名な経営学者は、科学とは何かという問いに、こう答えていた。「科学的思考っていうのは、今日確信していることが明日にでも変わるかもしれない、って思えることですよ」。科学的思考をもつ心理学者は、誠実に問題に向き合っている。心理学界では「中の人」の努力によって過去の「不祥事」がだんだんと改善されていることは、心理学素人の筆者としても繰り返し強調しておきたい。

ただ、２０１１年以前の心理学の論文は現代ほど厳密でない可能性があるというのは知っておかないといけない。いっぽう、古い論文でも追試にたえた知もある。そしてひとつひとつの真偽は、「最前線の専門家」しか判断できない。20年前に心理学を勉強したという方にとって現在水準の心理学はまるで別物になっていて、ついていけないかもしれない。

また「最前線」の定義も難しい。なにせ再現性危機には、当時世界のトップランナーと目された学者たちも関与していたからである。関連した文献では、「こういった議論は、シニア以上の研究者はほとんど理解していない」という嘆きの声も見受けられた。

ここ10年で急速に発展したような話題には、業界の大物でも全然ついていけないのかもしれないのだ。10年あれば、科学は見違えるほど進歩することがある。そして進歩によって手法や研究デザインが高度化するので、必然的に複雑化していく。

狭くなっていく専門性

科学の進化スピードはより速まり、そして複雑化している。加えて現代の科学では、専門性がより狭まる傾向がみられる。これは複雑化と無関係ではない。それぞれの分野で複雑化が進むことによって、ある個人がカバーできる範囲は必然的に狭くなってしまう。

経営学という括りは、もはや専門性を表すには広すぎるかもしれない。経営学にも経営戦略論と経営組織論とがあって、組織論にはマクロ組織論とミクロ組織論があって、ミクロの中でも私は、……というふうに「専門性」が小さく区切られていくのが当たり前なのである。

さらには、専門家というのはだいたい「マジメ」だ。つまり、世界有数に詳しくないと専門家を名乗らないとか、自身の専門外には決してコメントしないとか、そういう気質の方は少なくない。そりゃ、大御所になった教授が「素人質問」するわけである。

専門家の条件

ところで、専門家を名乗れる条件、はあるのだろうか。専門家は、一般的には「詳しい人」くらいの理解だろう。専門分野のことを深く理解している人なら、専門家と呼んでいいのだろうか。「現代水準」は、もうちょっと厳しい。論文や文献を読み込んで、広く深く知識を得ているだけでは「大学院生（学生）レベルだ」とか言われてしまう。かなりの努力を要する作業であるけれども、それでは専門家を名乗っちゃいけないのだ。

では、何をしていれば専門家なのか。現代水準としては「貢献型専門知」などといわれ、自分で論文なりを発表して学界に貢献していることが求められる。他人の文献を読んで理解してるだけじゃあダメで、自分も発信してコミュニティに貢献してくれ、というわけである。つくづく研究者はストイックだと感じるというか、専門家内では専門家の定義について、かなり厳しい基準を用いることがある。

モバイルプランナーの専門家？

ところがこのストイックさが、一般社会では、少しおかしな理解のされ方になっている恐れがある。あるエピソードを紹介しよう。筆者はある時期「モバイルプランナー」という社会現象について調査していた。ざっくり言えば、モバイルプランナーとよばれるマルチ商法のようなビジネスについて調べていたのである。

すると、とあるメディアの方から取材依頼を受ける機会に恵まれた。電話で取材を受けていると、先方が訊くのである。

「ところで先生は、モバイルプランナーの専門家ですか」

いや、専門家とは…と答えに窮してしまった。先方は続ける。

「たとえば、論文とか書いていますか」

論文…モバイルプランナーの論文？ いや、書いてませんけど、授業などでは扱っていて…と答えると、ややつまらなさそうに「そうですか」と返され、以降連絡はなかった。

この話、思わず笑っちゃった方もいるだろう。むしろ笑ってほしいし、何がおかしいか伝わってほしい。ただ、別に先ほどまでの話と、一見したら矛盾していない。「専門家とは、論文を書いている人を指す」と専門家自身が言っているから、専門家かどうか確かめるために論文を書いているか訊いているのだ。

それはそうなのだけど、何かがおかしい気がする。

風呂に水をためる専門家

さらにエピソードを重ねよう。日本には「災害時に風呂に水をためる」という慣習がある。これに対して災害の専門家とされる方が、風呂に水をためるのは危険なので止めるべきだ、と発信したのである。炎上とまではいかずとも、これまた議論を呼んだ。SNSで喧々諤々に発信が重なるなかで、ある投稿が目を引いた。

「風呂に水をためる専門家の意見が聞きたい」

投稿者の切実な思いには申し訳ないけど、噴飯ものである。風呂に水をためる専門家。

そんな方が、どこにいるのだろう。いたとして、論文書いてくれているだろうか。

建築系の会社で働いている方に聞いたところ、建築学は近いことをしているかも、と仰っていた。風呂に水をためる専門家、いるにはいるのだ。「風呂に水をためると衝撃を波で吸収できるので、水をためる意味は私はあると思いますよ」とも。タンクに水をためて衝撃を吸収するという技術はたしかに存在し、社会実装もされている。ただその方は企業に勤めていて、知識はあっても論文を書いているとは限らない。

これが「専門性の狭隘化」の行き着いたひとつの終着地である。ある社会課題を解決したいのだとして、その問題は「モバイルプランナー」とか「風呂に水をためる」みたいにかなりピンポイントで、そんなピンポイントな質問に答えるような研究も論文も世になかなか存在しない、少なくとも見つけづらいのが実状である。

この狭隘化は、はっきり言って専門知を受け取る側の勘違いである。しかし、勘違いを誘発する程度には、専門家側も「専門性は限定的で狭くあるべき」という規範を強めてはいるのだ。「当該領域の論文を書いているのが専門家であり」「書いていない人を専門家であるとみなしてはいけない」という基準には一定の妥当性はあれども、背景をすっ飛ばしてその基準だけに頼ると、とんでもない顛末をもたらすかもしれない。

この話はまた、一般人と専門家の目線がいかに異なっているかも表している。一般人の興味は、常に「身近な問題」にある。今自分が気になることが、専門家によって解決できるかどうかを問う傾向がある。対して、専門家は、もっと「抽象的な理論」に興味があることが多い。このギャップを埋めるのは、なかなか容易ではない。

複合される専門性

もう一つ、現代の専門性について考えるための一例として、「AI創薬」を紹介したい。AI創薬とは、AI（人工知能）の技術を創薬に生かすという取り組みである。ChatGPTなどAIへの興味はますます増すばかりで、AI創薬も今まさに盛り上がりをみせる領域だ。

あるとき「AIと創薬それぞれの専門性について、ひとりの先生は正直なところどれくらい理解されていますか」と専門家に質問したことがあった。AIも創薬も、ともに高度な専門性を要求される領域である。AI創薬の論文を書くとなると、両方の知識が含まれることになる。かつ、それらは元々近い領域にあるわけではない。AIは情報学系だし、創薬は医学・薬学系だ。むろん「医療情報学」みたいな分野もありうるわけだけど、基本的に別個の場所で学ぶ専門性である。

要は、ひとりが両方修めるのは並大抵ではない。ひとりの先生は、その高度な複数の専門性を、どれだけ理解しているのだろうか。

その方は、「率直に言うと、1本の論文の中に理解できていない部分はあります」と答えられた。もちろん、よくわからないことを無責任に書いているという意味ではない。理解できない部分についてはＡＩの専門家と創薬の専門家が緊密に議論をする。そのために研究室には分野の違う人たちが集って、いつでも議論できるようになっているそうだ。

なお、創薬にも「低分子」「バイオ」という小分類が存在する。低分子とバイオは互いに専門性が微妙に異なっていて、化学が主か、生物が主かみたいな話になってくる。その研究室には、ＡＩの人・低分子の人・バイオの人、という3種類が集まるらしい。

互いに理解できない箇所がありながら論文を発表できるのは、個々人の有する専門性が高度だからこそである。しかし「高度化しすぎていて、両方の専門性を完璧に修得するのは無理だと思います」とも仰っていた。論文を書いた共著者同士ですら細部や背景までは理解できない、ということさえ起きているのだ。

こうした事情をふまえると、「論文を書いている専門家に聞けばいい」と、そんなに簡単には言えなくなってくる。「私は、ＡＩのところはわかりますけど、正直創薬の方はちょっと…」という「専門家」が根拠となる論文を書いているのである。個人の専門家がカバーする範囲には限界があり、個人だけに聞いてなんとかしようとするのが間違いの始まりなのかもしれない。

専門知は集合知

という話を物理学者にしたところ、面白いね、と言いつつ、こんなことを教えてくれた。「とはいえ、物理学でも、理論物理の人が理論を考えて、それで実験系の人が実験をして、みたいな分業が特に大きなプロジェクトじゃ当たり前だから、そんなに新しい話ではないと思うかな」

専門家がうみだす知識つまり専門知は、基本的に集合知なのである。つまり、いち個人のみから完璧な知が生成されるわけではない。専門知は、高度であるほどに、集合性が高まるものなのだ。経営学者の椙山泰生は、著書でこう述べている。

「『創造的な仕事はどのようにして可能になるか』という問いについて、我々研究者は、

個人の研究デザインを強調した見方を採用しがちである。それは、発明王エジソンについて、実際には『エジソン』が集合名詞であり、その発明がメンロパーク研究所で一緒に働いていた多くの人の仕事の集大成であるにもかかわらず、そのようには広く認識されてはいないことに似ている」

解説を挟むと、発明王として日本でも著名なエジソンは多大な功績を残した他方で、虚栄心が強く、多くの発明を「自分のもの」にしたがったという。そもそも、発明は個人の力だけでなされることの方が稀なのである。実はエジソンは電球を「発明」したのでなく、電球を「改良」したのだ、という話にも繋がってくる。

なおエジソンは日本では発明家として著名である一方、ゼネラル・エレクトリック（GE）という今なお現存する大企業の創業者であったことは、比較的に知られていないだろう。これだけの名声を得た背景には、エジソン自身が著名な経営者であり、プロパガンダも含めて社会に影響のあった人物であることは見逃せない。引用を続けよう。

「創造性を個人の能力と努力に還元するような理解が普及していて、アイデアをグループによって生成するという集団レベルの創造的な相乗効果には、比較的注意が払われていないのが実情だろう。

こうした比喩を用いるのは、(当然ながら)我々がエジソンのような存在だという意味では全くなく、我々の研究も集団レベルの相互作用がなくては進まないのだという、ある意味当たり前のことを確認したいという意図に基づく。この認識は、社会科学の研究にとって、あまり当たり前とされていないようにも思うからである」

価値の高い研究ほど、集団レベルの相互作用が必須となる。われわれは専門家個人に気をとられるあまり、その個人がどういった経緯や背景でその着想に到ったかという興味を失いがちであるし、生成される知がいかに集合的かということも忘れられがちである。個人の意見をあおぐ場合がほとんどとはいえ、やはり「論文書いてる個人の専門家に聞けば必要十分」は危険なのだ。

4．それで結局、経営学はいかに役立つのか

強調すべきは、専門性というものが現在ますます複雑かつ狭くなっており、ごく少数の精鋭にしか中身が精査できなくなっていることだ。その複雑化と狭隘化にもかかわらず、わかりやすく簡単に、というニーズだけは高まり続けている。

その結果として、「論文を書いているか」という簡潔にみえて微妙な基準だけが独り歩きしたり、専門性が集団的であることはあまり意識されず、個人の専門家に依存するような傾向が強くみられる。その背景をふまえて、改めて本題に戻りたい。経営学についてよく聞かれる、そして都合の悪い質問である「経営学は役に立ちますか？」という問いについて再考しよう。

なぜ、「役に立つか」という問いが頻繁に聞かれるのか。やはり「実用」に魅力がありすぎるのだ。素人にわからないくらい専門性が複雑化しても役に立つならまあいいじゃんと思えてしまう。プロセスとか背景とか知らなくても自分たちの役に立てばいいのだ、と。

実際のところ経営学部や経営学科は大学の学部の中ではそれなりの人気を維持していて、たとえばゼミへの応募も比較的多い。就職状況も悪いとは聞かない。景気の悪い大学界隈では「役に立たない虚学」がますます排斥される傾向があるのに、経営学はその意味での攻撃はあまり受けていない。何かしら役に立つ、とは思われているのだろう。

「もしドラモデル」は成立するか

2009年、『もし高校野球の女子マネージャーがドラッカーの「マネジメント」を読んだら』、通称「もしドラ」という本が流行った。あらすじとしては、高校野球のマネージャーがピーター・ドラッカーの著作を読んで部活に応用したところ、目覚ましい効果が得られたという話だ。

これは「お役立ち」のわかりやすい例だといえる。経営学の本を読んで、それを現実に応用すれば、より良い結果が得られる。本当にこのように現実が展開するなら、たしかに経営学は役に立つし、学ぶ価値のあるものとされるだろう。

マネージャーという題材も符号が一致している。経営は management の対訳であり、マネージャーは「経営者」なのだ。日本語のマネージャー、特に部活のマネージャーは

「裏方」の意味合いが強い。対して英語や会社の文脈のマネージャーはかなりのお偉いさんである。経営を行うからだ。

Coffee Break

ドラッカーは「経営学者」ではない?

ところで現代では、ドラッカーは経営学者とみなされず、こういう会話がされたりするという。「最近私、経営学に興味もってて。ドラッカーとか読んでます」「あ、あの、ドラッカーは厳密には経営学者ではなくて…」

ドラッカーはなぜ経営学者として扱われないのか。ひとことで言えば科学的でないからである。科学に非ずんば学術に非ず、なのだ。たとえばドラッカーの名言に次のようなものがある。

「企業の目的は顧客の創造である。したがって、企業は二つの、ただ二つだけの企業家的な機能をもつ。それがマーケティングとイノベーションである。マーケティングとイノベーションだけが成果をもたらす」

ここから、命題を導く。「企業に成果をもたらすのは、マーケティングとイノベーションのみである」という感じだろうか。いいこと言うなあ、と思った人もいるかもしれない。しかしイマドキの経営学者は、ドラッカーにこうツッコむ。「それは、科学的でない」と。

何が科学的でないのか？ たとえば用語が厳密に定義されていない。マーケティングとは、イノベーションとは何か。あとは妥当性がないとか反証可能性に欠けるとか…とりあえず「科学的じゃないから聞く意味がない」という態度になってしまうようだ。

ただここで考えるべきは、ドラッカーが科学なのかとかいうことよりも、経営学者が「忘れた」ドラッカーが、少なくとも日本では未だに根強い人気を得ているということである。学者が忘れて、一般人が読むもの。ここに「役立つ」のヒントがあるかもしれない。

ちなみに経営学者の三橋平の解説によると、世界最大の経営学会である米国経営学会（Academy of Management）では、1998年にドラッカーが基調講演をしていたという。「過去の人」であっても、本当に見捨てられていたらそんな場には呼ばれないだろう。とはいえ、その後の20年でさらに様相は変わったようなのであるが。

役に立つとは何か：汎用と専用のジレンマ

さて、経営学は役に立つのか。それに答えたいなら、まず、役に立つとは何なのか考えないといけない。

何か目的があって、その手段として有用であること。それが役に立つの意味であろう。たとえば「なんでも切れる道具」は、存在するだろうか。やや意訳気味に、「私は切りたいものがあるから、役に立つ道具をくれ」と乞われていると解釈しよう。

まじめに問題解決したいなら、こう逆質問するはずだ。「そもそも何を切りたいんですか?」。爪なのか、魚なのか、魚といってもアジなのかマグロなのか、髪なのか、紙なのか、ヒト（!）なのか。ここに挙げたすべて、切るために最適な道具は異なっている。

ハサミはぎりぎり全部を切れそうな気もするけど、最適なわけではない。ハサミで爪を切っていたらそのうちケガをする。爪切りは爪を切るために最適化された道具である。しかし、爪切りは爪以外のものを切ることにはまったく向いておらず、汎用性は皆無だ。

これは言葉のアヤでもあるけど、言葉だけの問題ではない。つまり、「何にでも役立つ道具」はおそらく「一番解きたい問題に最適な道具」ではないし、「一番解きたい問題に最適な道具」は、他のことに全然役立たないのだ。これを汎用と専用のジレンマと呼ぼう。

小難しい言い方をするようだけど、実はこのジレンマは、日常でもわりと起きる話だ。

役に立つ資格は何ですか

大学教員をしていて学生によく聞かれる問いがある。「役に立つ資格を教えてください」。大学生活の貴重な時間を資格試験とか何か役立つことに使いたい。なので、就職に有利とか給料が上がるとか、そういう資格を教えてほしいという意図の質問であろう。

様々な答え方があり得るなかで、本当にマジメに、特に不特定多数に当てはまるように答えるなら筆者は「大卒資格」と答える。多くは当然、きょとんとした騙されたような顔をするし、そもそも大卒を資格だと思っている人は少ないだろう。だいたい大学に来ている時点で、大卒なんてたいした資格ではないじゃないか。卒業なんて簡単なんだし。

あるデータをみてほしい。2017年の日経新聞の記事によると、高卒と大卒の生涯賃金は、男性で約4600万円、女性で3450万円ほどの差がある。25～29歳に限っても、高卒と大卒には平均して35万円の年収差がある。けっこうな収入格差があるのだ。いやいや大学は社会に出るまで4年空くし、学費もかかる。そのコストの差がある、と思うかもしれない。もっともだ。なので、平均値を用いて簡単にシミュレーションしよう。

高卒で働く19歳は初年度に250万円くらい貰う。対して大学生は1年に100万の学費を払う。1年目だけで350万円、相当の開きがある。大学1年生が高校の同窓会に行ったら同級生の社会人の羽振りがすごく良かった、みたいな経験をするかもしれない。

さて、大学4年を終えた時点で、大学生は400万円大学に払った。その間、高卒同期は1000万円稼いでいる。4年で既に合計収入に1400万の開きがあるのだ。で、これが年に35万ずつ縮まっていく。単純計算で、40年で埋まる差だ。なんだ、60歳くらいだからほぼ定年じゃん。

だが高卒と大卒の年収差は、実際には年齢が上がるたびに広がっていく。25〜29歳で35万だった差は、30〜34歳で80万、40代前半で150万円ほどの差になる。どんどん差が広がるので、22歳時点の1400万円の差は40代半ばくらいに埋まりきって、以降逆転することになる。長い目でみると、大卒であることとないことの差はそれだけ大きくなる。

また、募集要項に「大卒（見込み）限定」と書かれているのを見たことがあるだろう。特定職種について大卒しか採用していない会社はごまんとある。賃金ベースのみならず、機会を得る時点でも格差があるのだ。なお余談だが、ここで述べた「学歴」と「収入」は「因果」だろうか？ 第4章を読んで考えてみてほしい。

もちろん収入がすべてではない。でも、多くの方に有益であろう収入と就業機会の増加について、ここまではっきり差が出る資格はそうそうない。このように、大卒はきわめて有用な資格だ。って言われて、読者の皆さんは納得できるだろうか。

これらのケースから得られる箴言は、次のようなものだ。

- **ピンポイントで役立つものと幅広く役立つものの、二つがある。**
- **「飛び道具のように役に立つ」イメージと、「役に立つけど地味」な現実にはギャップがある。「役に立つ実感」と「役に立つこと」とは違う。**
- **役に立つものに、即効性があるとは限らない。時間軸の考慮は必須である。**

役に立つ資格は何ですか。その問い自体に、「他人が知っていなくて、自分だけ知っているような、オイシイ資格はないですか」というライフハック的な考えが忍び込んでいる。そんなもん、ないと思ってよい。あったらみんなやるから競争率が上がって旨みは薄まるだろう。有用な資格だから取得が難しいのである。

大卒が有用な資格であるからこそ、これだけの多くの人が大学に進学するのであるし、多くが目指すがゆえに、かえって稀少性は薄れてしまっているのである。なにより、稀少性「実感」がより薄まっているために、その重要性は過少に見積もられるだろう。これも一種の汎用と専用のジレンマである。大卒資格は汎用すぎるのだ。

「それって役に立つんですか」と他人に問うときは、「役に立つってなんだろう」「何の役に立てたいんだろう」と、まず自問自答してみないといけない。解像度が低いままに漠然と役に立つかどうかを問うてみても、お役立ちの実感もなければ、お役立ちの実現も遠いままであろうから。

役に立つかじゃなくて、役立てる

ぼんやりと役に立つとか必要なのかとか問うても、その問いにほとんど意味はないし、納得のいく答えも返ってこない。だから、問いを転回させよう。経営学が役に立つかを問うのではなくて、経営学を役立てるにはどうしたらいいのか、と建設的に考えてみるのだ。

役に立たないと思っている方を説得して「役立てていただく」のは至難の業である。そういう懐疑的な方は、役立てるために必須な、思考の柔軟性が失われていることも多い。そして酷いときは既に結論が決まっていて、支持するデータが欲しいだけのときもある。そして自説を補強するデータを集めていくとなぜか専門家のような気持ちになって、より確固とした信念が築かれていく。こうなるともはや、役立てるどころではない。

対して、今からそれを学んで何かに役立てたい、と思う方にこそ、学問は何かを届けるべきだろう。柔軟で、今から賛否どちらにでも転がり得るような、まっさらな方。そういう方のことを、一般には素人と呼ぶ。本書は、「素人」のために書かれた経営学の本でもある。

結　経営学の技法

経営学を、いかに役立てるのがよいだろうか。まず先述の汎用と専用のジレンマについて改めて考えよう。経営学が汎用的に役立つものだったとしたら、つまり幅広く、何にでも使えるものだとしたら、読み書きそろばんといったような汎用的な技能として、一定のスキルを万人に与えられるようなものだと理解できる。

しかし、そうした技能は、専用性が低いことがある。実際のところ特に実務家の方は、仕事で悩んでいて、その局所的な課題への答えを求めていることが多い。経営学って面白いなあ、やっててよかったなあ、というところでは満足できず、いやでも、だから何？どうピンポイントで役立つの？と、思わず聞き返したくなってしまうものだ。

学問というのは、もうちょっと鷹揚な気持ちで、楽しんで…と返すのは簡単だ。ただ、現実的に課題に向かっていて、それを解決したいと切に思っている方の必死さを無下にするのも憚られる。では、どうしたらいいか。

専門性に専用性を求めない

まず本書では、「実務上のピンポイントな課題を、経営学の知見によって解決する」というスタンスはとりあえずとらない。つまり、「専用的な使い方」の話はあまりしない。管見の限りちまたの経営学本にはそういうものが多いのだけど、本書では扱わない。風呂に水をためるべきかどうかは、本書には書かれていない。

たとえば、部下とのコミュニケーションに悩む上司がいるとする。どうやら部下は今の仕事へのモチベーションが低いようだ。そこで、モチベーションに関係する経営学研究を学ぶと「部下との会話を増やすことは、モチベーションを向上させる」という知見がみつかった。科学的にも実証されているらしい。ああ、じゃあ、会話を増やせばいいのか。

…というような話は、ここでは扱わない。とはいえ、そういう方向の努力を重ねる実務家も研究者も多いし、現実として成果が出ているケースもある。そうした専用的な使い方を否定はしないし、できない。ただ、それよりはもう少し汎用性がありそうな「技法」をいかに会得するかという方向性で、経営学について考えてみることにする。

より汎用的な、「ふだん使い」するような技法を、経営学からいかに抽出できるか。この広汎な問いにまっさらに考えるために、各章を「素人質問」から始める。専門家が今さら問わないような疑問から出発して、経営学から何を得られるか考えてみる。

そして結論として、三つの思考――条件思考、両面思考、箴言思考によって、素人でも経営学を日常で活用できるだろうという仮説を立てる。「XすればYできる」という知識を詰め込んで役に立てようとするよりかは、経営学をまなぶことで抽出できる「技法としての思考」を身につけるという構成で、一つの思考ごとに一つの章を用意している。

具体的な題材としても、成果主義、官僚制、経営科学と、とっつきやすそうなものを選んだ。身近なテーマと結びつけることで、専用性にも近づくことができるはずだ。

とはいっても、この時点では何を言ってるのかピンとこない方も多いだろう。ということで、次章からさっそく読み進めていってもらいたい。

第2章
成果主義は虚妄だったのか?——条件思考のすすめ

結論から言えば、私は、どのような定義をしたとしても、人事施策としての成果主義を行うことで、企業が活性化するなどと、期待することはできないと思っている。理由は単純である。成果主義とは、企業経営の一部分の人材マネジメントの、さらにそのほんの一部の賃金評価制度の変更である。（中略）経営という視点から見れば、人事の一施策としての成果主義などは、この程度の変化に過ぎない。多くを期待すること自体が間違っている。

——守島基博『成果主義は企業を活性化するか』

1. 成果主義の理想と現実

銭湯の大学生

ある日、著名な大学の近くの銭湯に行ったときのこと。学生とおぼしき数名が、学生らしく傍若無人に、大きな声で話している。声があまりに大きいので、内容が聞こえてきてしまう。

「結局さ、会社とかって、年だけとった無能なヤツらが高い給料もらってんでしょ！」
「そういうヤツらじゃなくて、もっと有能な若手に高い給料あげるべきなんだって！」

きみの言うことが正しいとしても、そういうことは人前で大声で言うもんじゃないよ、ってのはさておき、興味深いことを言っている。一般的な日本企業は年功序列とか年功主義とよばれる給与制度をとっており、つまり年が重なるほどに給料が上がっていく。

とすると、たとえば新卒23歳と入社十数年の40歳には、ふつう大きな給与差が生じる。

でも、その40歳よりも新卒23歳の方が、仕事ができるかもしれない。たぶん、この大学生は「自分はそっちだ!」と、働いたこともないけど言いたいのだろう。で、仕事できる人にきっちり給料あげて、逆に仕事ができない40歳は減給するとかしないといけない。そういう提言なのである。

実はこれ、発想としては「成果主義」そのものである。つまり、成果を報酬に直結させるのだ。実力主義で、年とか学歴とか関係なく、成果を出した人を評価する。それによって「有能」はモチベーションを高められるし、「無能」の居場所をなくせる。「無能」から奪うべきかはおいといて、成果を出した人を評価しましょうという「成果主義」のくだりに異論をはさむ人は少ないだろう。

実はその成果主義、一時期、日本社会でもてはやされたことがあった。もてはやされただけではなく、いくつかの会社で導入もされた。ただ、いくつかの著名な会社で「失敗」に終わったこともあり、多くの会社では立ち消えてしまった。成果主義は、現実では必ずしもうまく機能しなかったのである。

ただ、これはよく考えると不思議な話だ。「成果を出した人を評価する」という、誰もが納得できそうで、良いことに思える制度が、現実だと全然作用しなかったというのだから。なぜだろう。何がいけなかったのだろうか。

そこで「素人質問」を導こう。

☑ **会社は、成果主義を採用すべきなのだろうか？**

☑ **「成果を出した人を評価する」のは当然ではないのだろうか？**

☑ **現実にうまくいかないとしたら、それはなぜだろうか？**

2.『虚妄の成果主義』再訪

先述したように、成果主義はある時期において日本企業に流行し、いくつかの大企業が採用するに至った。そして目立った「成果」を残せず、いつの間にか立ち消えていった。

この失敗劇に対しては非難もなされた。代表格が、東京大学（当時）の経営学者・高橋伸夫が著した『虚妄の成果主義』であろう。タイトルからして成果主義批判を隠さない本書は、成果主義がいかに間違ったシステムであるかについて連綿と述べた書である。2004年に出版され、20年を経た今なお、版を重ねて広く読まれている。

成果主義を考察するにあたって、本書の20年前に出された『虚妄の成果主義』のタイトルを本歌取りして、議論を始めたい。成果主義は、本当に虚妄だったのだろうか。

日本における成果主義の登場

成果主義が日本で本格的に導入されたのは、バブル経済崩壊後の1990年代とみるのが一般的な見解である。不景気でなんとなく社会不安も高まる中で、経済再生の特効薬を探した、みたいな空気もにおってくる。

特に1993年、富士通が先駆的に成果主義を導入したことで注目を浴びた。ご存じではあろうが、富士通はスーパーコンピュータ「京」の開発などで著名で、サーバー事業では国内有数のシェアを誇る、IT・電機企業として日本屈指の強豪企業である。

1995年には、日本経営者団体連盟（現在の日本経済団体連合会）が、新たな「日本的経営」を支える制度として成果主義を推奨するといった動きもあった。新たな日本的経営、という文言から、それまでの日本的経営を脱しようとする志向が示唆される。つまり、年功主義の否定である。このように、特に90年代前半に、年功主義を否定し成果主義を後押しする流れが社会全体で起きていたことが確認できる。

その影響もあって、90年代後半にかけて導入企業も増加していった。2004年に日本能率協会が180社に対して行った調査によると、「成果主義的な人事制度を導入していますか」という問いに「はい」と回答した企業は81・7%にのぼったという。成果主義ブームが起きていた、といえるような状況ではある。

成果主義の「失敗」

ところが、2000年代には先述の高橋をはじめ成果主義への批判が高まり、次第に求心力を失っていく。特に富士通での実装が「失敗」に終わったことは象徴的であり、この経緯は『虚妄の成果主義』でも詳しく述べられている。

富士通の失敗を語るに決定的なエピソードがある。富士通は成果主義導入以降、実は全社の業績が下がる一方であった。そして業績が悪化していた2001年、社長だった秋草直之氏が、インタビューでこう答えたというのである。

「(業績下方修正の経営責任について問われて) くだらない質問だ。従業員が働かないからいけない。毎年、事業計画をたて、そのとおりにやりますといって、やらないからおかしなことになる。(中略) それが成果主義というものだ」

こっちは成果を出せば評価すると言っている。それで成果を出さないのは従業員の怠慢でしょうが、というわけだ。この発言は激しい批判を浴びたため、のちに「従業員ではなくて幹部社員と言うべきだった」など釈明を行うものの、本質的な主張は変わっていないといえるだろう。成果主義にした限り、成果が出ないのは社員の問題だ、と。

その後、会社が業績を悪化させるなかで秋草氏は03年に社長を退任し、会長に就任する。社長には成果主義が適用されないのか、という疑問も浮上する動きだ。ただ、会社の浮沈を一概に個人のせいにしてよいわけでもない。富士通は日本を代表する大企業である。そうそうヤワな組織でもないし、成果を挙げるポテンシャルはあったはずだ。成果主義を導入したことで、会社に何が起きていたのだろうか。

富士通で起きていたこと

以下は、とある方のブログからの引用である。書籍に個人ブログを引用するなど素人のようであるが、執筆者を直接確認することができておりり、匿名にはなってしまうものの信頼性を確認したうえで引用していることにご留意されたい。

「私がいた電機メーカーは、成果主義をいち早く取り入れた会社でした。この会社には、まだインターネットが広く普及していなかった当時としては先進的だったと思いますが、誰でもアクセスできるネット上の社内掲示板がありました」

ＩＴ企業の泰斗だけあって、１９９０年代初頭に既に社内掲示板があったのだという。この社内掲示板では、他愛もないやりとりから業務上のＱ＆Ａまで、様々なコミュニケーションがなされていたそうだ。いまどきのＳＮＳとは違って、「治安」もすこぶる良かったらしい。

成果主義への期待

そして、成果主義の導入が始まる。

「目標管理制度という名前の成果主義が始まったのはバブルがはじけた頃だったと思います。社内はこの制度に対する期待であふれ、社内掲示板は、会社をより良いものにしていくための熱心な意見があふれていました。その会社の若い社員達は、新しい時代の幕開けを予感して高揚していたのだと思います」

富士通内では目標管理制度という名称で、成果主義の導入が始まった。つまり富士通での成果主義とは、社員の目標を会社が管理し、その目標の達成度に応じて報酬を変動させる、というシステムであったと理解できる。

ブログで述べられたように、富士通では当初、新しい制度が始まるという期待で溢れていたようだった。バブルがはじけて、年功序列制度といった既存のシステムが「古臭い日本の旧弊」とみなされ始めた事情も影響していただろう。元々自由な空気で発言がなされていた社内掲示板でも、制度への期待や、もっとこうやれば良くなるはずだ、などの前向きなリアクションが目立っていたらしい。

掲示板の荒廃

ところが当該ブログには、なかなか悲惨な結末が述べられていた。

「それから5年ほどが過ぎた20世紀の終わり頃。社内掲示板には誰一人投稿する人もいなくなり、数年前の熱い意見が空しく掲示されていました。社内では諦めと不満が渦巻きやる気のない社員が澱のようによどみ、社外掲示板の方で会社の悪口が大盛況」

富士通社内における象徴でもあった社内掲示板に、書き込みがされなくなっていったのだ。熱い意見の過去投稿がそのまま残っていた、というくだりに哀愁を感じる。その代わりに、社「外」の掲示板には会社の悪口が並んだのだという。当時はまだネット掲示板の黎明期である。社内で活発にコミュニケーションしていた人たちはどこかに去ってしまい、外で会社の悪口を書くようになっていったのだ。

成果主義の導入と先後して、富士通は業績が明白に悪化していく。パソコン通信サービス会社の「ニフティ」を1999年に完全子会社化し、2000年にはさくら銀行（現在の三井住友銀行）と共同で日本初のネット専業銀行であるジャパンネット銀行を設立するなど、全社では積極的な動きをみせていたものの、業績はなかなか芳しくならなかった。2000年代初頭はアメリカでITバブルがはじけた時期であり、大きな赤字を計上する。

成果主義が会社を悪くしたのか、会社が悪くなったことで成果主義が機能しなくなったのか。その因果は定かでないものの、成果主義の導入によって会社は目覚ましく躍進していった、というわけでないことだけは明らかである。

富士通の「敗因」

先述のブログでは、成果主義の失敗の原因を丁寧に考察している。先に、富士通における成果主義とは何であったのかを再確認したい。富士通社内では成果主義は「目標管理制度」と呼ばれ、それは「半年を単位として、期初に業務目標を設定し、期末にその達成度を評価する」という内容だった。そのうえで、失敗の理由はおおきく三つ挙げられた。

まず失敗の原因として挙げられたのは、社員が「指示待ち人間」化したというのである。期初の目標設定は、上司と相談したうえで決定される。ここで部下が上司に逆らえないという懸念が浮上する。上司が高い目標を出しても低い目標を出しても、異議を唱えると期末の評価を得にくくなるのでは、と想像してしまうのは理解できる。

制度のかなめであった目標設定に上司が介在するために、従業員は指示待ちの受け身になってしまった。つまり、目標の設定が上司に委ねられるがゆえに上司と部下の間の権力差がより強化され、不均衡が生じたというわけである。

次に、目標の矮小化である。成果主義下では、半期の目標とは別に「長期目標」も立てていた。ただ社員はどうしても、評価の対象となる半年の目標の達成に集中してしまう。短期目標と長期目標では短期目標のみが注意を引きがちであり、結果として長期目標が形骸化してしまったのだ。かつ、短期で達成できる目標となると、でっかい野望よりできそうな無難なものを選ぶ、というのも理解はできる。

最後に、すり合わせ文化の衰退である。評価に繋がる仕事が明確化されるため、逆に評価に繋がらないと思われる仕事を避けるようになるのだ。社内掲示板の衰退は、ここに繋がってくる。社内掲示板は公式業務や人事評価などに一切関係なく、まったくの善意で運用されていたものだった。しかし成果主義が明示化されると、無意識にでも思ってしまうだろう。「とはいえ、ここで人を助けても成果にはならないのか…」

内発的動機づけ説との一致

ここで、デシという心理学者の研究を紹介したい。1970年代に行われた、もはや古典の金字塔というべき業績で、『虚妄の成果主義』においても成果主義批判の根拠として取り上げられた著名な研究である。

デシが行った実験は次のようなものだ。まず、実験協力者の学生を二つのグループに分ける。ひとつのグループには、パズルを解くと金銭報酬を与える。別のグループには報酬は与えず、ボランティアでパズルを解いてもらう。さて、どちらのグループの方がパズルが解けただろうか、という実験だ。

結果は、ボランティアでやっていたグループの方が「成果が挙がった」というのだ。ここからデシは内発的動機づけというコンセプトに行き着く。つまり外から報酬を与えられるのでなく、自分の中からうまれるモチベーションによって人は動くという仮説である。

この理屈に基づくと、仕事の成果と報酬を連動させる成果主義は、たいした意味をなさないことになる。「仕事の面白さ」や「自己への期待」がモチベーションを高めると考えるからだ。高橋もデシを引用しつつ、「次にもらえる仕事」こそが最大の動機づけ要因である、と結論づける。

デシの実験はどうやら一般的にもわりと有名で、かつ、物語として「美しい」。なんというか、華麗な説明である。であるので、のちに「内発性信奉」とよばれるくらい、内発的動機づけという概念が世に普及し、かつ支持を得ていくことになる。

実験で計測したものとは

ただ「内的に動機づけられないと真の成果は出ない」というのは、早計かもしれない。特に、デシの実験のみを根拠として内的動機づけを支持できるかは慎重に考えられるべきだろう。

先ほど、「ボランティアでやっていたグループの方が、成果が挙がった」と述べた。これは意図的に不正確に書いたものである。デシの実験は、もう少し入り組んでいるというか、別のニュアンスがあった。何かというと、二つのグループを作って、それぞれにパズルをやらせるというところまでは良い。しかしデシの実験の工夫は、そこからにあった。

それぞれのグループは、監督者に見張られながら作業に従事していた。その監督者が、ちょっと席を外しますと言って部屋を出る。ところが本当は部屋の様子は引き続き監視されていたのだ。なお、この手の「ドッキリ」は、心理学実験では珍しくはない。

そして、隠された監視の結果、報酬を貰っているグループは休憩したり置かれていた雑誌を読んだりしたけど、貰ってないグループは黙々とパズルを解き続けた。ゆえに内的動機づけが支持される、というのがデシの実験のストーリーだったのである。なお「休憩時間」もあったので、前者は休憩時間に休憩していただけといえばだけ、でもある。

こうして読むと、別に報酬の有無で成果がどうこうという話でもないかも、と思えてくる。監督者の有無でサボるかどうかって話じゃないのかとか、そもそもパズル解くのと会社の仕事は違うよなとか、色々異論は浮かんでくる。もちろんデシの理論は、この実験のみで構築されたものではないものの、ある単一の実験から導かれた知見から何が言い得るのかは、実は複雑な問いである。この問題については、第4章の「妥当性」がヒントになる。

助け合いの消失

とりあえず富士通では、目標管理制度を導入したところ社内掲示板が使われなくなっていった。会社組織の中での他者への手助け、特に報酬に繋がらない助力をすることを組織市民行動とよぶ。富士通では、成果主義によって組織市民行動がみられなくなったのだといえる。

アメリカでは契約主義が強いから、頼みごとをしても「それは私の仕事じゃない」と言って断られることが多いとかいう話をよく聞く。誇張されてはいるものの、大筋で間違ってはいない。というかアメリカとか関係なく、契約時に仕事の内容をはっきりさせている雇用ならば、契約外の仕事を頼む方が間違ってはいるだろう。

対して日本では、雇用契約において仕事の内容を詳説しない「メンバーシップ雇用」がふつうであったので、都度いろいろ助け合いながら仕事をする。なんなら隣の部署の仕事をちょっと手伝ったりする。これが「すり合わせ」的な働き方である。

なおアメリカ式であっても、契約書にない仕事が発生するケースは多分にあるし、だいたいは「上司と相談」という帰結になるので、契約時に仕事を詳細に定義するといったことは一般的でなくなっているようだ。いわゆるジョブ型雇用でも、契約外業務に対応できるように意図的に「余白」を残すケースもある。

さて、つまり目標管理制度は、互いに助け合うという職場の協働を抑制してしまった可能性が高いとみられているのだ。

沈みゆく日本企業

ところで、例のブログには、こんなエピソードが記述されている。

「1998年頃だったか、知り合いのアメリカ人教授が韓国某メーカーに講演を依頼され、韓国に出向いた帰りに日本に寄ったのでお会いしたことがあります。彼が驚いた表情で言うには、『韓国メーカーの近くのホテルが日本人でいっぱいだった』『なぜこんなに日本人が多いのか聞いたところ、金曜の夜に来て月曜の朝に帰ると笑っていた』『会社は知っているのかと聞くと、もちろん知らないとのこと』」

同時期に韓国のサムスンが日本企業から技術者を引き抜こうとしており、特にリストラされた社員を積極的に雇用していた。富士通が関係していたかはわからない。主力事業は異なるので、一概に富士通から直接ヘッドハンティングしていたわけでもなかろう。

しかし、空気も業績も悪化する泥船から抜け出そうという社員が少なからずいたことは、なんとなく想像できてしまう。こうした凄惨なエピソードの結末として、成果主義への期待はいつの間にかしぼみ、忘れられた存在へとなっていく。

3. そもそも成果主義とは何か

忘れられた成果主義

流行と失敗を経て、成果主義への社会的興味はすっかり薄れてしまった。制度の是非や功罪が活発に議論された1990年代後半～2000年代中頃と比較すると、2010年代の中頃には既に、あまり議論がなされなくなってしまったという。成果主義は忘れられていったのだ。

ここまで読めば、ちょっと成果主義を支持しにくくも感じる。全然良い制度じゃないじゃん、としか思えないだろう。他方で一般的には、銭湯の大学生のように、未だにナイーブに成果主義が信奉されている側面も否めない。流行と失敗を経て、成果主義の教訓は一度忘れられてしまった。だからこそ繰り返すように、今一度、成果主義について再訪してみたいのだ。

成果主義って何なんですか？

ところで、実はここまで意図的に議論を後回しにしたことがある。そもそも成果主義って何なのか、という問題である。まさに素人質問である。「成果主義って、何なんですか？」。いやそんなの、言わなくてもわかるじゃない。成果と賃金を連動させることですよ、と思うかもしれない。

では、成果とは何か。いや、成果は成果じゃん。プロ野球選手とかを考えてみたら、成績が良かったら年俸上がるし、ダメだったら下がるでしょ。と、思われたかもしれない。でも、ふつうの会社員は、野球選手のように数字としてはっきり成績が出るとは限らない。仕事をしている方は、自分の仕事の「成果」がいかに明示可能か、考えてみてほしい。

…というように色々考えて成果主義を設計していくと、きっと気付くはずだ。成果主義、細かいことまで考えるの、けっこうめんどくさいな…と。成果ってそんなに簡単に数値化できない場合もありそうだし、人や場合による、としか言えないことも多そうだ。

富士通のケースでも、社内では成果主義のことをあくまでも「目標管理制度」と呼んでいたことは見逃せない。主題となったのは「上司と相談して目標を管理するという制度」であって、ということは実際の問題は成果を出すどうこうよりも、上司との関係の方がより核心的な問題だった可能性もある。上司との関係がよりうまくいっていれば、目標管理制度の失敗はなかったかもしれないのだ。

実は成果主義は多義的であり、たった一つの意味に捉えることが難しい制度である。成果主義と言ったときに、意味するものが単一でないのだ。より正確には、成果と報酬を連動させるという大枠の定義は同じでも、成果の定義と測定、報酬との連動度などの根本的な設計には、部署や業種、会社の既存の制度などが影響するため、現実的な運用実態は会社によって異なる可能性が高いのである。

成果主義が意味するもの

実際のところ、成果主義の定義も、研究によってそこそこばらついている。そのうえで、いくつかの文献が挙げる定義の「最大公約数」は、次のようなものになる。

1. 賃金決定要因として、成果を左右する諸要因（技能、知識、努力など）よりも「結果としての成果」をより重視する
2. 長期的な成果よりも「短期的な成果」を重視する
3. 実際の賃金に「より大きな」格差をつける

それぞれ確認しよう。まず、結果を重視するという点だ。ここで気をつけないといけないのは類似の概念との混同である。たとえばこれらの条件に則ると、「能力主義」は成果主義ではない。「その人の能力を評価する」と言ったとき、能力には潜在的なもの、つまり今は不十分だけどここから伸びそうですよね、みたいな意味も含むはずだからだ。

ちなみに成果主義が旧弊的な日本的経営を否定すべく流行したことは既に述べた。その否定対象となったのは、主に年功主義と「職能資格制度」つまり能力主義である。つまり成果主義は、能力主義を否定すべく浮上した制度ともいえるのだ。「本当の成果主義」には、資格とか熱意とか潜在能力とか、そういうものを含まないのであって、能力と成果を混同してはいけないし、能力主義と成果主義は似て非なるものである。

短期でみるか、長期でみるか

次の条件が時間軸である。富士通のケースと同様に、成果主義は比較的に短期での成果、長くとも1年程度の成果を測ろうとする志向をもつ。短期の成果をみようというのが、通念的な成果主義なのだ。

余談だが、学者の成果を単年ごとに測ると言われたら、少なくとも筆者は「ウッ」となる。主な成果指標となるだろう論文は「投稿」から「掲載」まで1〜2年かかることが多く、成果を出せるタイムスパンが不透明だからだ。ゆえに、ある年には1本も出せてない人が翌年に2〜3本出す、みたいなこともザラである。なんにせよ、短期間で成果を測ることには業種や職種ごとの向き不向きがあるのは間違いない。

それ、ほぼ成果主義じゃない？

そして条件の三つ目として、その成果は「より大きい」差に繋げられる。話をややこしくするようだが、広義の成果主義、つまり成果が報酬に連動するという意味では、別に年功序列賃金ですら成果主義の要素がないわけではないし、両者は矛盾しない。勤続年数や昇進などによって賃金が決定されるからといって、別に成果を無視しているわけではない。

たとえば高橋伸夫は、日本企業は実質的に成果主義を採用してきたとすらいえると主張する。日本企業において主に報酬の差がつくのは、実は「年功」よりも「昇進」であった。つまり出世するかどうかが、待遇の分かれ目なのだ。そして昇進に最も関わるのは、年功以上に「成果」なのである。昇進する人はだいたい年功を重ねているけど、特に大企業では年を取りさえすれば昇進できるわけではない。成果が要るのだ。

会社で成果を挙げていればそのうち評価されて昇進できるし、成果がなければ昇進できない。年数を重ねれば明白に差がつく。高橋曰く「同期」をみるとわかる。同期つまり同じ年功を重ねた同士の給料に大きな差があることは、伝統的日本企業でもよくあることである。それを成果主義と言わずして何と言う、という主張だ。

この高橋の議論には能力（職能）主義が含まれており、また短期的成果を対象としていないという意味では「条件」に当てはまっておらず、（狭義の）成果主義とはよべない。ただ特筆すべきは、年功主義・職能資格制度を採用してきた企業が社員の「成果」を無視しているわけではなく、むしろ成果も重視して報酬を決定してきたという事実である。

そもそも年功主義ってあったのか？

人的資源管理論を専門とする経営学者・江夏幾多郎の指摘は、さらにどんでん返しである。そもそも日本企業は年功主義をとってきたわけではない、それはほぼ俗説だ、と言うのだ。日本企業は戦後間もなくから職務の軽重に応じて職階を与え、職階に課せられた役割を果たしたかどうかで昇進や昇給を決めるという制度をとってきた。年功の昇給もあるのだけど、重きを置くのは職務である。江夏はこれを職務主義と呼んでいる。

この主張は、高橋と軌を一にする部分もある。要は、報酬は成果「だけ」、年功「だけ」、職務「だけ」で決まっているわけではなく、どのウエイトが大きいのかという話をしているわけである。年取った「だけ」で高い給料を貰えるわけではないのだ。

年功と成果・職務には相関があることも見逃せない。そもそも会社で高い成果を出して、良い職務に就きたければ、長い時間がかかる。20代が50代をごぼう抜きするような例もあるにはあるのだろうけど、きわめて稀少であろう。ベテランと張り合えるような力をつけてきた頃には自分もベテラン、なんて当然なのだから。当たり前のように是認してしまっている俗説を疑うという意味でも、専門家の話は聞く価値がある。

成果主義はスペクトラム

そして、成果主義では、その成果の影響をより大きくしようとする。元々、何らかの意味で成果は報酬に影響をもたらしていたはずだけど、その影響をより大きくさせて報酬に反映させよう、というのが成果主義なのだ。

この意味で、成果主義とはスペクトラム（境界がはっきりせず連続している状態）なのであり、0か1かの話をしてはいない。既存の仕組みよりも「強めに」成果を評価しようという意図なのであって、成果を出せる有能とそうでない無能に分けて、有能に全部あげちゃおうとか、根本的にそういう制度ではないのだ。

華々しく成果を挙げた選手には数億数十億の評価を与え、ダメと思ったら1年でクビを切るといったプロスポーツのような世界観とは、相当に隔絶があるといえる。繰り返すように、長期的な成果や潜在的な能力はとりあえず脇に置いといて、短期的な成果をより優先して評価するのが成果主義なのである。

なんだか、成果主義へのイメージが変わってきた。少なくとも、銭湯の大学生や富士通の社長はそこまでを理解したうえで、成果主義を語っていたわけではない気がしてくる。

教えて、ChatGPT

こうした背景知識をふまえて、改めて成果主義の「両面性」、つまりメリットとデメリットについて考えてみたい。

ところで、筆者はかつて成果主義を講義の課題にしたことがあった。ちょうどＣｈａｔＧＰＴの登場が衝撃をもって受け取られていた頃で、生成ＡＩをレポートなどの課題に用いてよいのか、という議論が大学周りで沸き上がっていた。ふと、ＣｈａｔＧＰＴに答えさせたらどうなるかな、と思って、成果主義について聞いてみた。以下はOpenAI社が提供しているＡＩ（https://chatgpt.com/）に、実際に答えてもらった回答だ。

> 成果主義（performance-based pay）は、従業員の給与や報酬が、個々の業績や成果に基づいて設定される制度です。このアプローチは、個人のモチベーション向上や生産性向上を促進し、組織全体のパフォーマンス向上に寄与すると期待されています。２０００年代以降、成果主義に関する研究や議論が盛んに行われています。

おお、賢い。トレンドまで捉えている。ただ２０００年代以降はさほど「盛ん」にはならなかったのだが…。ＣｈａｔＧＰＴのブラウザの下の方には、常にこう書かれている。「ＣｈａｔＧＰＴの回答は必ずしも正しいとは限りません。重要な情報は確認するようにしてください」

次に成果主義のメリットを述べてもらった。

成果主義のメリット：

1．モチベーション向上：成果主義は、従業員が目標達成に向けて努力するモチベーションを高めることができます。給与や報酬が業績に直結しているため、従業員はより一層の努力を払う可能性があります。

2．パフォーマンスの公正な評価：成果主義は、従業員の実績や貢献度に基づいて給与を設定するため、公正かつ透明な評価が可能です。これにより、成果に見合った報酬を受けることができ、従業員間での不平等感が軽減される可能性があります。

3．組織の生産性向上：成果主義は組織全体の生産性向上に寄与する可能性があります。個々の成果が報酬として反映されるため、従業員はより効果的に仕事に取り組むことが期待されます。

実に賢い。学生のレポートなら、いい点数をつけられそうだ。従業員はモチベーションが高まる。そして、「公正な」評価になる。上司に媚び売っても成果にはならない、みたいな話だ。結果として、組織の生産性も高まるという。では、デメリットはどうだろうか。

成果主義の課題：

1. 公平性の問題：成果主義が不適切に実施されると、公平性の問題が生じる可能性があります。業績の評価が主観的であったり、成果を正確に測定する手段がない場合、従業員間での公平性に疑問が生じる可能性があります。

「両面性」がわかるデメリットだ。さっき公正な評価ができると言ったばかりなのに、「でも、主観的だったり測定を間違ったら、不公平になっちゃうよ」と。要は設計次第ということだろう。実際に富士通のケースにおける成果主義は、上司との関係によって実質的な意味が変わってしまうような制度設計だった。

2. 協力とチームワークへの影響：成果主義が強調されると、従業員が個人の成果に焦点を当てることが増え、協力やチームワークが犠牲になる可能性があります。これは、組織全体の効率やイノベーションに悪影響を及ぼす可能性があります。

これも、富士通のケースに当てはまる。組織市民行動が抑制され、互いに協力しなくなってしまうのである。

3．短期的な焦点：成果主義はしばしば短期的な目標に焦点を当てる傾向があり、中長期的な戦略や長期的な価値創造を軽視する可能性があります。

定義そのものに関わるデメリットである。短期志向ゆえに、長期的な視野を失ってしまう可能性がある。具体的には研究開発部門などに当てはまる。研究開発は、場合によっては10年程度の長いスパンを求められるため、半年や単年では、まともな成果は期待できない。既に述べたように、向き不向きは慎重に考慮する必要がある。

で、結局、成果主義はどう運用すればいいのだろう。教えて、ＣｈａｔＧＰＴ。

成果主義のバランス：
成果主義を採用する場合、バランスが重要です。従業員のモチベーション向上と生産性の向上を図りつつ、公平性や協力を損なわないような制度の設計が求められます。定期的なフィードバックや柔軟性のある評価基準を導入することが、これらの課題に対処する手段となります。
私の意見としては、成果主義は適切に実施されると効果的な制度であると考えますが、組織文化や業種によって適用の可否が異なるため、慎重に導入する必要があります。また、単独での導入ではなく、他の評価指標や給与の要素との組み合わせが重要です。

「バランス」「適切に」「慎重に」というレトリックはほとんど何も言えてないというか、情報量が乏しい気もするけど…しかし、きれいにまとめてくれてはいる。

4. 学者がみた成果主義の正体

では対して、専門家の見解はどうだろうか。ＡＩと専門家に、違いはあるだろうか。ここからは、人的資源管理論の大家である守島基博らの論考から、成果主義をより深耕していきたい。

成果主義は企業を活性化するか

この小見出しは、守島の論文タイトルそのままである。富士通から始まった「成果主義ブーム」が終焉を迎えつつあったとされる２００４年に、守島は４ページの短い論文を発表している。守島はときたま強い言葉を用いつつも、成果主義の本質を抉っていく。

まず、本章冒頭の引用の通り、成果主義の安易な推進を喝破する。成果主義はたかだか社内のいち制度であって、当然抵抗を受けながら導入されるもので、労働組合とも綿密で慎重な交渉が必要になる。個々人の処遇格差は広がるし、報酬の変動も激しくなることが予想される。しかし、ほとんどの人は格差や変化を好まない。導入時点で苦難が予想されることを覚悟せよ、というわけだ。

筆者の勝手な想像ではあれど、守島の学者としての矜持を感じる論文である。都合の良いことを安直に言わないという意志がたしかに感じられるからだ。2000年代以降、特に人事まわりでは、窮地を打破する魔法のような概念が、生まれては消えていった。

成果主義にせよその概念さえ導入すれば会社が良くなるかのように謳って怪しげな言説が跋扈し、専門家の一部も加担したことは否めない。AIも最後は、「何事もバランスですね」しか言わない。会社でもなんでも、どこかでバランスを崩してリスクをとらないと、大きな変化は生まれないのだけど。守島は、都合の良いことを考えてもまずそんなこと起きないんですよ、と言ってくれる専門家である。

成果主義が作動する条件

そして守島は、成果主義そのものが単体で従業員の労働意欲を向上させることはない、と既存研究に依拠しながら指摘する。「ない」というのは驚きである。ただ、成果主義が無意味なのではない。ある要素と組み合わせることで、労働意欲は向上しうるのだという。

代表的な条件が「能力開発の機会」である。成果主義は顕在化した結果しか見ない制度であるうえに、短期的な成果を評価する。となると、成果を出せるような能力を育てる機会を、会社が用意しないといけないのだ。

銭湯の大学生からは、働かせてくれれば今すぐにでも自分は無能な中年を追い抜ける、という自信が感じられた。たぶん勘違いである。というか、新卒がいきなり中堅を追い抜くような会社があったとして、それは新卒が凄いんじゃなくて、会社がダメなのである。そして、ダメな会社に入ってくる新卒も、たぶんたいしたことないだろう。

「即戦力」なんてとんだ幻想だ。特に新卒一括採用が未だに根強い日本企業は、社員に成果を求めるにせよ、それを後押しする育成機会を伴わせることが成果主義を正常に作動させる条件となるのだ。

ケチになっていく会社たち

成果主義には能力開発の機会が伴うべきだという議論を聞いていて、思い出したエピソードがある。ある学生が、4年になって内定を得た。東証上場企業である。よかったね、4年生の後期は暇なの？ と聞いたら、いや土日が埋まっています、と返事された。

土日、何してるの？と聞くと、驚くような答えが返ってきた。

「会社の研修があって」

え、入社前に？と聞くと、どうやら資格試験の勉強をしているらしい。たしかに業種としては特定の資格が必要で、ないと困るような会社ではあった。ただ業務に必要な資格とはいえ、当然入社後に取ってもいいわけであって、それをサポートするのがまさに「能力開発の機会」を与えることであろう。ちなみに研修は給料出るの、と聞いたら「いいえ」。「交通費と、テキスト代とかは出ます」

むろん、入社前に資格を取っておいたら色々楽だし、どうせ暇なら資格の勉強しといて、くらいは構わないというか、普通のことだろう。ただ、入社前の数ヶ月、土日を拘束して、というのは、どうなのだろう。しかも実質的に無報酬で…。

なお入社後に、会社どうですか、と話を聞いてみた。「今、新人研修なんですけど、マナー講師みたいな人が来て喋るだけで全然面白くないです。てっきり先輩が教えてくれるもんだと思ってて、それを楽しみにしてたら…」

この手の話は昨今散見される。「リスキリング」が流行った頃、ニュースでリスキリングを支援する企業の例が扱われていた。「うちでは昼休みを使って、社員のリスキリングに努めていますよ」。いや、昼休みは休みじゃないんですか…。経済産業研究所（ＲＩＥＴＩ）のレポートによると、日本は経済的競争資産への投資（社員のOff-JTや組織再編にかかる費用）が他国に比して著しく低い。それを示すようなエピソードだ。

実務家の方からしたら、反論を言いたくなるかもしれない。「どうせ大学生は暇なんだから、資格の勉強くらいやらせていいじゃないか」「いやねえ、貴重な労働時間をそんなとこには割けないんですよ」。わかる。わかります。ただ、もし成果主義みたいな制度を導入して、それで会社をどうこうしようと思うなら、社員に投資するという発想を抜きにはなし得ないのだということは強調して申し添えておきたい。

雇用側が投資しないと、後進は成長できないし、成果も残せない。そう自戒しておかないと、「こっちは成果主義をやるって言ったんだから、それでダメなら社員が悪いでしょ」とか、言うようになってしまいかねない。

公平性がもたらすもの

もう一つ、守島は、情報公開の重要性を指摘する。成果主義は、その成果をどうやって測ったのか、なぜ自分がこういう評価になったのか、といった疑問に答えることが重要であり、そのための情報公開が必須だというのだ。それはたしかにそうだろう。

そこで守島は「過程の公平性」を強調する。評価基準の公開や結果のフィードバックなど過程の明示化によって、従業員の納得感や公平感は増す。ただ、その限界も指摘する。納得感や公平感を充足させたところで、それは成果主義を失敗させないためのマネジメントでしかなく、それによって会社が活性化するかは別の話だ、と言うのである。

実に耳が痛い正論だ。実際に経験した人もいるだろう。不公平感をあらわにし納得していない社員と丁寧に対話し、説得し、なんとかまるく収めた。でもそれはマイナスをゼロにしただけで、そこから上積みは生まれない。不公平感の解消に尽力しても、だからといって何か良くなったわけでもない徒労感。ビジネスパーソンあるあるではないだろうか。

なお「公平と公正（equality and equity）問題」をひくまでもなく、会社組織で平等を達成することはきわめて困難である。機会の平等と結果の平等が基本的に両立し得ないからだ。従業員全員に一切の格差が見当たらない、ということは起こり得ない。

高橋伸夫の「事実上の成果主義」のくだりでも説明したように、ふつうの会社は昇進によって待遇に差がついていく。仕事ができる人が評価され、年次を重ねるごとに昇進組とそうでない組の差が広がり、待遇にも差が生じる。その格差自体が動機づけ要因になることすらある。会社は根本的に不平等を利用して活性化する性質をもつ。

Coffee Break

公平と公正

2020年代になって盛り上がるのが、Equality and Equity（公平と公正）問題である。特にequityという言葉はより浸透している。Diversity and Inclusion（多様性と包摂）という言葉が流行ったと思ったら、いやいやD&Iはもう古いです。今はDE&Iです、と言われてしまう。何かと訊いたらequity（公正）が入ったらしい。何が違うねん、とは言ってはいけない。公正が重要な概念であることには違いない。

「野球場を見ようとする三人の子ども」の画像が、ネットで流行った。ネット検索したら、もはやどれがオリジナル版かわからないくらい類似品で溢れていた。日本語で表現するなら、機会の平等と結果の平等、と言った方がわかりやすい。3人の人に1万円ずつ与えても、足りてるから要らないですと言う人もいれば、これで1カ月暮らせますという人もいる。ならば、要らない人のぶんを欲しい人に与えて、結果を均した方がいい。これが公正だ。

現在時点では、公平じゃダメなんです、大事なのは公正なんです、という理解がなされているように感じる。だから企業も公正にしましょうね、と。そして、それらしい施策をうって、ウチは公正な企業です、と胸を張る。

経営学者の柳淳也はこの公正の流行に対して、公正ってそんなに簡単に達成されますでしょうか、と問いを投げかける。流行に乗っかって、やったふりをするだけの企業に、意味のある施策ができるかは疑問である、とも。

たとえばLGBTQや障がい者といった社会で抑圧されるマイノリティに対してどういう措置をとれば、公正になるだろう。平等な結果が与えられて、みんなで手を挙げて喜べるのだろう。私はマイノリティに公正を与えました、と胸を張る人々に対し、当事者は「ああ、公正にしてもらって嬉しいな」と、どうやれば素直に思えるだろうか。

ネットでバズった「公平と公正」

コーヒーブレイクを延長して、公正概念について少し注釈を加えたい。

同じ機会を与えても（機会の平等）、各自の格差は解消されない。同じ結果になるように（結果の平等）、配分や配慮を行うべき、というのが公正概念である。画像出典は、「BUZZAP!（https://buzzap.jp/news/20141111-equity-vs-equality/）」を挙げるところが多かったものの、リンク先は既に削除されている。実質的な出典も、画像の作者も不明である。

先述の柳によると、2018年の「デロイト・レビュー」で確認されるものが最初期とみられる。同記事の注釈には「このグラフィックの変種は、強力なコンセプトとして頻繁に引用される。印刷時点では、デロイトはこのグラフィックの作者を知らな

公平と公正、そして……

い」とあり（柳の翻訳を引用）、やはり詳しい出所は明らかでないようだ。

この画像をめぐっては、ひとつ非常に興味深い指摘がある。デロイトの記事でも柳の論文でも指摘されるように、実は「本来」の画像には、「三つ目」があったのだ。曰く、「でも本当に望ましいのは、柵に遮られていない状態ですよね」と。

きわめて示唆的である。

個人と紐づく成果主義

また守島は、成果主義がチームや職場に与える悪影響についても懸念を示す。富士通のアレである。成果主義は個人主義をもたらし、同僚への助力を躊躇させる。あまつさえ、こいつの足を引っ張れば自分の評価が上がる…とか考え出すかもしれない。

ところで成果主義と聞いたとき、真っ先に個人ではなく「チームの成果主義」「部署の成果主義」を思い浮かべたという人はいるだろうか。たぶん、あまりいないと思われる。なぜなら、成果主義が個人と強く紐づくのは日本特有の傾向であり、日本人はなぜか成果主義を個人の成果と直結させる傾向があるからだ。

考えてみれば不思議である。別に世の中、個人の独立性が高い仕事ばかりではない。むしろチームで動く仕事の方が圧倒的に多いのではないか。にもかかわらず、成果を問うとなると、とたんに集団が頭から消えてしまい、個人プレーが想定されるようになる。われわれは、謎めいた思考のクセをもっている。

成果主義が救えないもの

なんかもうお腹いっぱいになってきた。わかった、成果主義はそんなにうまくはいかないもんなんだ。ChatGPTでも全然網羅できてなかった。でも懸念点は、まだあるのだ。

成果主義は、基本的に「上位層」にしか効かないことがわかっている。つまり、成果によってあなたの報酬を決めるよと言われてモチベーションが上がるのは、ふだんから仕事ができる上位層だけなのだ。中位層や下位層に対してはむしろ、モチベーションを下げてしまう可能性すらある。

銭湯の大学生みたいな人は、それでいいじゃん、とか言うかもしれない。いや、組織にとっても個人にとってもよくない。なぜなら、成果主義をナイーブに肯定する多くの人は「下振れ」を想定していないと思われるからだ。成果主義とは「成果と報酬を連動させる」わけだから、成果が低かったら当然報酬は上がらないし、下がらないとおかしい。

会社において純然たる成果主義、本当に極端な成果主義を採用したとしよう。成果と報酬を極端に直結させた結果、一番困るのは、確実に新入社員をはじめとする若手社員である。2024年現在、大卒初任給はざっと23万円弱くらいらしい。本当に純然たる成果給を採用したら、新入社員に20数万も払えるわけがない。

若手社員ははっきり言って経験も地位もない弱者である。そして成果主義は弱者を救えない。これはきれいごとでも説教でもない。相対的な弱者に不利益な制度を組織が採用すれば、まずその組織からは弱者が去っていくだろう。つまり、若手社員がいない組織になるはずだ。強者さえ生き残れれば無能は要らない、とか言うのはあまりにナイーブで、そんな思想は成果主義でもなんでもない。

成果主義だと気づかない

最後は、ある意味ショッキングな指摘だ。むしろ最初は意味がわからないかもしれない、というくらい突飛な発見である。驚くべきことに、経営陣が成果主義を採用したと思っていても、従業員はそう思っていないことがあるというのである。

ある研究では、労働者の意識を調査したところ、成果主義の導入を実感できていたのは元々成果が中位以上の従業員か、1年以内に賃上げがなされた従業員に限られたのだという。成果主義にしたところで、従業員の意識にすら届かないということもあるのだ。

思い返すと、そもそも成果主義とは定義がなかなか難しく、納得感のある制度に落とし込んで実行していく難易度が高い制度であった。ほとんどの成果主義は極端な給料の上下が伴わない。従業員側が「これは成果主義だな」と理解するに到らないのだ。

だから情報公開とコミュニケーションが大事という話になるのだけど、じゃあ「成果主義をやりますよ」と喧伝すればいいのかというと、そうとも限らない。富士通のケースを思い出してみると、富士通の社員たちは、成果主義が導入されることをしっかり知っていた。むしろ意識し過ぎたのである。

成果主義によって会社として成果を挙げ、組織が活性化されていく前段階の時点で、成果主義だとかそうじゃないとか知ってしまうことで社員らは「勝手に」モチベーションを上げたり下げたりしてしまう。なかなか厄介である。

アメリカに学ぶ

ところで、ここまで本章でみてきた成果主義はほぼすべて日本の話である。アメリカではどうだったのだろう。結論を述べればアメリカでは、成果主義を個人の成果と直結させた日本と異なって、「組織目線の成果主義」についての検討を重ねていたといえる。

1980年代以降、アメリカでは賃金制度改革が行われた。同時期のアメリカにおける成果主義研究の興味はもっぱら、随伴性（contingency）を高めることにあった。つまり、会社の成果と賃金をいかにうまく連動させるかという課題が議論の中心であったのだ。

たとえば219社を5年にわたって調査した研究では、報酬のうちボーナスの割合が大きいほど、企業のROAに対して正の影響があることが示されたという。なお、労働組合などの存在で比較的に振れ幅が抑えられているものの、日本人の給料の少なからずをボーナスが占めることは、実質的に成果主義が導入されていると理解できる。ただ、ボーナスを成果給（の一部）だと捉えている人は多くはないだろう。やっぱり「自分の会社は成果主義だ」という意識は芽生えにくいのだ。

日本的年功給の弱点は、会社の苦境に対して人件費がかさむことにあった。業績が悪化しても給料を下げるのが難しいのである。会社の業績が上下したらそのぶん報酬も上下するように「随伴」させる。これが成果主義の本質だと、アメリカでは考えられていたわけである。組織の成果にコミットさせるという発想なのだ。

なおこれは手放しで素晴らしいというわけでもなく、組織のリスクを個人に移転していることに他ならない、ということも断っておく。日本で成果主義が採用されてこなかった背景には、多少業績が悪くなっても社員の面倒は組織がみるんだ、という思想があったはずである。組織に浮き沈みがあっても、個人の報酬は保証するのだと。その安定性の担保は、残念ながらもはや過去のものになりつつあるかもしれない。

5. 成果主義が作動する諸条件

以上の守島らの論考は、成果主義とはそもそも何であるかという本質的な検討と、成果主義の両面性を深耕したものだった。かつ結論としては、特定の条件が揃わないと成果主義は労働者を動機づけない、と指摘されていた。ここで、成果主義を作動させる「諸条件」について、労働経済学者・玄田有史らがより精緻に研究しているので、紹介したい。

苦肉の策としての成果主義

玄田らの核心的な指摘の一つは「成果主義が導入された職場の人々は、他の人々に比べて働く意欲が向上する確率がそもそも低い」という事実であった。どうやら成果主義は導入に「特殊な事情」が関わっていることが多い。つまり、何らかの理由で労働意欲が停滞している状況があって、それを打破するために成果主義が導入されたと推察されるのだ。

この指摘は仮説ベースでありながらも、説得力のある考察だ。富士通の事例でも当初の従業員らは歓迎ムードだったものの、バブル崩壊など経済事情の変動が背景にあったことは事実である。意欲の落ちている人々を発奮させるために成果主義が導入されているのならば、元々「ハードモード」で始まっている制度だということになる。

となると、「実証研究」つまり現実のデータをもとに分析しても、成果主義はそもそも芳しい結果が出ない可能性が高いわけである。「成果主義を採用している組織はパフォーマンスが低い!」という結果が出たとして、実は元々パフォーマンスが低い組織が苦肉の策で成果主義を採用した、という逆因果の可能性があるのだ。

成果主義を支える条件

玄田らは1999年の時点で、「分担の明確化」「裁量範囲の増加」「成果の厳格化」「能力開発の機会増加」といった条件が揃わないと、成果主義の効果が発揮されないことを突き止めていた。これらが成果主義の「基本条件」である。

「成果を挙げるべき自分の持ち分」を認識させるため、役割分担を明確化する。いちいち上司にお伺いしなくて済むように、裁量範囲を増やす。なんとなくで測定せず、成果を厳格化する。そして、能力開発の機会を増やす。こうした諸条件を整備して初めて、成果主義は目的通り作動するようになる。ただ様々な理由で、これらの条件をすべて満たせる会社や職場は限られているだろう。

そして、だからこそ、この中でも「能力開発の機会の確保」が決定的に重要なコア条件であるのだと玄田らは主張する。時間軸のうえでも、成果主義が短期的なのに対し、能力開発は長期的である。つまり「長期的に能力を開発し、短期的に成果を測る」が、バランスの観点からしても成果主義の骨子であろうというのだ。なおこれは、「上場企業のホワイトカラー」という括りにおいては、性別、年齢、学歴、職種を問わず当てはまった事実であり、ある程度一般化された話である。

現代の成果主義

最後に、「現代の成果主義」に触れておこう。00年代半ばまでに消えたと思われた成果主義は、実は形を変えて10年代にも生き残り、それどころか浸透をみせているのだ。

その成果主義とは「年俸制」である。短期的な業績に応じて、賃金を年単位で設定する制度だ。荻原祐二によると、およそ1990年代半ばから2014年頃にかけて、年功制は一貫して減少し、年俸制は一貫して増加していた。これは業種などにほぼ関係のない傾向であり、かつ企業規模が大きいほどこの傾向がみられた。なお、こうした年俸制の浸透に、先述した作動のための諸条件が伴っているのかは定かではない。

この傾向を見出した荻原祐二は研究動機として、成果主義が00年代半ばから忘却されたことを挙げており、「実態が、マスメディアによる言及や、人々の認識と乖離している可能性もある」と指摘している。銭湯の大学生や富士通の社長の発言をみる限り、荻原の指摘は妥当であろう。

結　条件思考のすすめ

成果主義はまったくもってシンプルな制度のようにみえて、その実態がほとんど社会に理解されていなかったように思われる。成果を報酬に連動させれば従業員がやる気になるだろうという、いかにもシンプルな仕組みすら、組織で実行するのは困難をはらむのだ。成果主義はそのものだけでは機能せず、いくつかの条件が揃ったときに、その効果を発揮する制度なのである。

こうした成果主義の議論から学べる技法がある。「ある施策や行動の効果が見込めるのは、特定の条件が揃ったときである」と推論する「条件思考」である。成果主義は特に、条件思考で考えるのがふさわしい対象だ。「成果と報酬を連動させる」という仕組みだけでは、実際にはなかなか人は動かない。能力開発の機会を長期的に与えるという条件下で初めて、短期的な成果で報酬を決めるという制度が動き始める。

一般的な成果主義の議論は、どうやらナイーブに成果主義を礼賛したり、半面成果が出

#条件思考とは

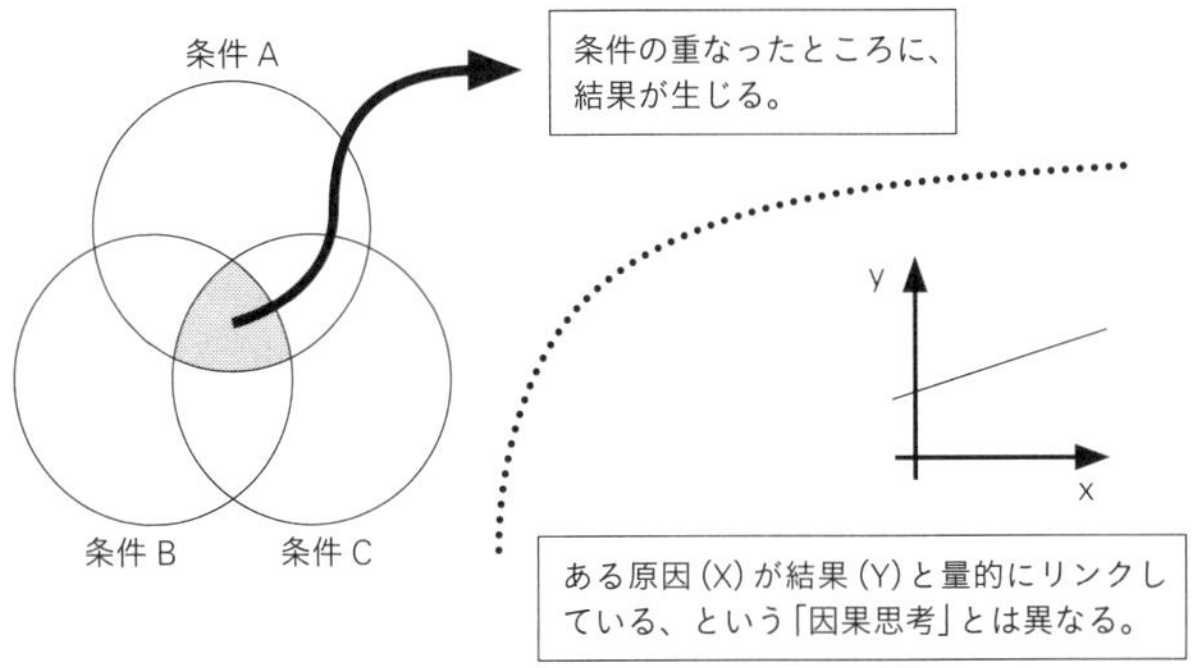

ないことを怠慢だと言ってみたりするにとどまっていた。富士通のケースなどでも「成果主義は良い制度だから、導入さえすれば業績も上がるだろう」と思われていたように感じる。でも、成果主義をただ否定して、内発的動機づけにすべてを託すのも無茶な気がする。そうした両極端に振れてしまうのは、世に条件思考が浸透していない証左でもある。

成果主義とかジョブ型雇用とか、ある単一の制度だけの巧拙や是非を問うのでなく、両面性を加味したうえで、どういった条件に支えられればその効果が享受できるのか、と考える。これが条件思考なのだ。

経営学との接合：QCA（質的比較分析）

条件思考は、ある分析手法からヒントを得ている。近年、政治学や経営学を中心に研究が広がるQCA（Qualitative Comparative Analysis、質的比較分析）である。

第4章で詳説するように、現代の科学は、因果関係の究明に主眼を置くことが多い。ある原因Xが結果Yをもたらすかどうかについて、様々なアプローチから明らかにするのだ。この因果関係というのはまた、「共変関係」を前提とする。つまり、原因の値が上下することで結果の値も上下する、と考える。これを因果アプローチと呼ぼう。

こうした因果の思考法はむろん強力で、それ自体に異論の余地はない。ただし、説明のための唯一の方法というわけではない。一例として、「離職」について考えよう。

今の仕事を辞めたいと思うことを離職意思（意向）とよぶ。ポジティブな離職もあるだろうけども、一般には離職はネガティブに捉えられる。職場の人間関係が悪化するとか、仕事量が過重になっていくといった原因は、離職意思の上昇という結果を招きやすい。そうした離職意思を上昇させる要因を分析する研究もたくさんある。

ただ、離職意思と離職には難しい関係がある。離職意思が高まれば必ず離職が起きるわけではないのだ。もちろん、離職意思が高まるほど、離職が起きる蓋然性（事象が起きる確実性）は高まる。なので、離職意思と離職にはある程度の相関があることは間違いない。ただ、「離職意思が○割まで達すると、離職は起きる」というわけではない。離職意思が弱い人でも転職することがあるし、意思が強い人がずっといる、ということも当然ある。

この、離職意思と離職の違いは、日常感覚でも理解できるはずだ。気持ちが高まることと、実際に事象が発生することには隔たりがある。結婚願望はある人が全然結婚しない例は数多ある。ギャップの一因は、意思は濃淡で徐々に上下すると考えられているのに対して、結果は「あるなし」というゼロイチでしか計測できないからである。原因と結果、1対1の共変関係の究明「だけ」では、結果を捕捉できないかもしれない。

条件思考の応用

こうした事象へのアプローチとして、「条件で考える」という手段があり得る。つまり、「条件A、B、Cが揃ったとき離職が起きる」のように考えるのだ。これは因果のようで因果ではなく、かつ「ある結果が起きる状況」を、より理解が容易なかたちで知ることができる。

たとえば「人間関係の悪化」と「会社業績の不振」という条件が離職という結果を招く

かもしれない。あるいは「給与への不満」と「同僚の転職」という別の条件も考えうる。諸条件が「募れば募るほど」というより、「他の条件とかみ合ったとき」に結果が発現するという前提で、現象の解明を試みるのだ。

成果主義も同様に、「能力開発機会の提供」という条件下で初めて機能する制度であることが明らかになっていた。能力開発機会の提供が「コア条件」であり、分担の明確化、裁量範囲の増加、成果の厳格化などが「サブ条件」というイメージで捉えられる。

なお、分担を明確にすればするほど／裁量範囲を増やせば増やすほど成果主義が機能するというわけでなく、とりあえず条件を揃えないと結果が得られないと考えるのが条件思考であるため、諸条件を「どの程度」確保すればよいか、というのは別の話になる。この「～ほど」という程度の解明には、計量を伴った因果アプローチが適している。

コロナ禍のレジリエンス

ひとつ、こうしたQCA的な条件思考に基づいた経営学研究を具体的に紹介しておこう。*Journal of Business Research* 誌に掲載された論文のテーマは、「コロナ禍のレジリエンス」である。コロナ禍初期の2020年3～7月に、一度は壊滅的に中断された国際貿易について、復活が早かった国はどういう条件が揃っていたのか、という研究である。

結論は、単に財政力があればよいという話ではなかった。貿易が早期に回復していった国では、「経済・社会的なグローバル度合」「流通と医療の整備」「所得水準の高さ」の三つの条件が揃っていたという。逆にロックダウンなどの「政府による強い対応」や「死亡者数の多さ」は、レジリエンスを妨げる条件となっていた。他の条件が揃っていても、それが存在すると結果がもたらされないという「負の条件」である。

条件思考を用いて結果を解釈するなら、貿易の早期回復には三つの「正の条件」があった。そして、グローバル度合や所得水準は高ければ高いほど良いわけではないし、それらが揃っていても死亡者数の多さという「負の条件」があれば回復はなされない。ある結果を得るためにはどんな条件が揃えばいいのか、という思考をするうえでの好例だろう。

AIと専門家

最後に、AIの話を少しだけ。成果主義って実際どうなの？　という問いに対し、最も素人の段階が銭湯の大学生なのだとしたら、成果主義が本当はいかに複雑な制度であるか、そして実効のための方策について、専門家は2000年前後の早い段階から、AIが知らない内容まで指摘していたのだった。

学者はまだまだＡＩより賢いはずだ。ただ学者の生んだ専門知は世に伝わりきっていないことも事実だ。ＡＩの強みは日々学習することにあるので、専門知が伝播すればするほど、ＡＩは賢くなる。たとえば冗談ではなく、本書が大ヒットして社会に浸透すれば、ＡＩは本書の内容を学習して、同じ答えが出せるようになるだろう。本書が売れるかは…何とも言えないが、ＡＩが専門知から学習しきるには、まだ時間がかかりそうだ。

そして何よりＡＩには、価値観の提示がない。どうしろ、とは言ってくれない。優しいヤツで揉め事が嫌いなのだろう。学者は、きちんと意見を述べてくれる。成果主義を入れる「だけ」で会社が良くなることなどありませんよ、と言ってくれる知識人は、みんな無難な答えしか表明しない世の中では、ますます稀少になっていく。

本章の箴言

- **投資なくして成果なし。社員にお金を使うから、社員はお金を稼いでくれる。**
- **単一の施策だけで望ましい結果が得られるなど、ないと思うべきである。**
- **制度を導入するときは、その制度が作動する諸条件について思考せよ。**

第3章
官僚制は悪なのか?——両面思考のすすめ

よい研究というのは、私が思うに、ものごとの両面を捉えられている研究です。つまり、あるシステムがうまく回っているとしても、同時に弊害も生み出している可能性を考えていること。逆に、今良くないと思われている制度が、後々役に立ってくるかもしれないこと。そういうことを捉えられている研究が、よい研究だと思います。

——とある会計学者

1. 官僚制再訪

大学院のとき、ある学生の発表を聞いていた。テーマは「官僚制組織」。イマドキのプレゼンは「開始5秒で惹きつけろ」と教わることもあってか、学生は開口一番、言ってのけた。「官僚制を、打破します！」

いつからそうであるのか定かでないものの、「官僚」ということばには、ネガティブな響きがつきまとっている。「政治家」がもつ響きとどこか似ている。堅いイメージ、重苦しいイメージ。悪いことをしているというイメージすらあるかもしれない。それらはとんでもない偏見ではあるが、妙な納得感をもって受容されてもいる。

そして官僚のイメージにあいまって、「官僚制組織」もまた、一般的に良いイメージをもたれてはいない。いかつく、しかつめらしい。われわれを縛るさまは、官僚制概念を提唱したマックス・ウェーバーが述べたと言われるようにまさに「鉄の檻（iron cage）」である。

官僚制組織というのは、最も古典的な組織形態の一つである。ゆえに古めかしく旧弊的なイメージを喚起させる。そうした官僚制に異を唱えるべく、「ポスト官僚主義」的な組織の必要性がずっと叫ばれてきた。経営学者の長岡克行によると、とりわけ第二次オイルショック頃から、新しい組織形態が次々発案されていったという。昔から多くの人が、官僚制じゃダメだと思ってきたのだ。

ただ、である。第二次オイルショック後から、ずっと、なのだ。「グローバル化」とか「社会の不確実性が高まっている」なども、ざっと20～30年は言い続けている気がするけど、未だに進行しているのだろうか。ここまで連綿としたアンチ活動が行われながらも、なぜ官僚制は社会から消えていないのだろうか。

アンチ官僚制の定期的な流行

「アンチ官僚制」が定期的にもてはやされるのは、官僚制に良いイメージがないことの表れである。比較的に最近でいえば「ティール組織」が流行った。タテの階層、つまりヒエラルキーがあるから権力がうまれて、上下関係がうまれて、それはパワハラ上司をうんでいて…。そんな害悪のような「タテ」を徹底的に排除した、フラットな組織。それこそ理想の組織だとかいう話は、定期的に沸騰したように人気になることがある。

ただ、「定期的に」なのである。結局のところ、本が売れたりセミナーが多数開催されても、フラットな組織が現実に定着することはなく、官僚制は世にはびこり続け、ほとんどの組織は官僚制を採用したままである。みんなネガティブに感じているのに、変わらず居着いている。憎まれっ子世に憚る、なのだろうか。

定期的に欠点が指摘され、対極の組織がもてはやされる。一般的には悪者扱いなのに、なぜか世に存在し続けている。それが官僚制だ。利口な人なら、よくわからなくても時宜に応じて適当に話を合わせるのだけど、素人はよくわからないから、そもそもなぜ官僚制が叩かれているのか気になってしまう。

そこで、素人質問を導こう。

☑ **官僚制組織は、悪なのだろうか?**

☑ **悪ならば、なぜ世の中から消えないのだろうか?**

☑ **官僚制には何かメリットがあるのだろうか?**

そもそも官僚制とは何か

さて、そもそも官僚制組織とは何だろうか。よくわからずイメージだけで語られることすらあるだろう。知らずに敬遠するよりは、知っておいて批判する方がよい。

官僚制は、『プロテスタンティズムの倫理と資本主義の精神』、通称『プロ倫』などで有名なマックス・ウェーバーが提唱した概念である。その特徴は、以下のようなものだ。

文献によって紹介にバリエーションはあるものの、ざっと、①官庁的権限の原則、②職務体統と審庁順序の原則、③書類に基づく職務執行と公私の分離、④専門的訓練を前提とする専門化した職務活動、⑤専任としての職務従事、⑥規則に基づく職務執行合理性仮説、が特徴として挙げられる。言葉が難解で、「なるほど、わからん」という感じ。要点をかいつまむと、

☑「階層（ヒエラルキー）」原則：つまり、タテのつながりが重要視され、部下は上司の命令に従って仕事をする。

☑「公私の分離」原則：つまり、私心ではなく規則に従って行動する。

☑「文書主義」原則：つまり、仕事に関する事柄は文書を残しておくようにする。

☑「専門的分業」原則：つまり、組織内で仕事が専門化されて、それぞれの専門性に従って人員が教育訓練される。

といったものだ。キーワードを繋げると、階層、規則と文書、専門的分業、が重要視され徹底された組織というイメージである。たしかに中央官庁などの「官僚」においても、上下関係が徹底され上司の命令が絶対だし、規則を遵守するし、すべてを文書に残そうとするし、細かな分業が行われている。

そして改めて挙げてみるとこうした特徴は、たしかに現代では煙たがられる傾向が強そうだ。いわゆるお役所仕事のイメージもある。上司なんて存在がパワハラみたいなものなのに、階層を徹底だなんて…規則が絶対って息苦しい…文書が多すぎて管理できない…といった感想をもつかもしれない。やっぱり、官僚制組織は間違ってるんじゃないだろうか。

では次に、そんな官僚制が歴史的になぜ採用されてきたのかという視点で考えよう。

2. 官僚制の機能と逆機能

合理性仮説

官僚制を提唱したウェーバーには多くの業績がある。『プロ倫』や官僚制、『職業としての学問』といった辺りが有名だろう。そして、あまり知られていないかもしれない主要業績として、「合理性」概念への検討がある。

官僚制は合理的だ、と言ったら、戸惑う人もいるかもしれない。官僚制というネガティブイメージの語と、合理的というポジティブイメージの語が混在しているからだ。ただ歴史的にみると、官僚制組織は最も「合理的な」組織だと言われることがある。

組織を、機械のようなものだと捉えよう。ちなみにそれを機械メタファーと呼ぶ。機械メタファーに則ると、組織は合理的に設計された「道具」であり、目標を達成するための「手段」としてみなされる。階層に従って決定が「上意下達」され、規則に従い、文書として記録が残り、分業に従って粛々と、まさに機械のように仕事が達成されていく。これが「合理性」であり、企業組織が求めるものでもある、と言われたら、まあ納得もできるだろう。

官僚制の合理性

実際に提唱者のウェーバーは、官僚制の合理性を次のように説いている。組織が構成員を管理することを「支配」と呼ぶならば、世には「伝統的支配」「カリスマ的支配」「合法的支配」がある。伝統的支配では、古来の先例や習慣が重視され、権威化された長老がリーダーになる。カリスマ的支配では、カリスマ的なリーダーが采配をふるう。

しかしこうした支配体制は、きわめて「人格」に左右されやすい。伝統的支配は旧弊を脱しづらく、かつその旧弊は恣意的で根拠に欠けうる。カリスマ的支配は、カリスマの人格に依存していて、部下からすれば次の言動が読みづらい。つまりこれらの支配体制は、属人的で、ゆえに恣意的なため、かえって予測しづらいのだ。

そこで官僚制は、次のようにそれらの問題を克服する。まず、規則に従うことで、感情に左右されない意思決定が可能になる。その意味で官僚制は非人格的である。さらに規則によって一元化されており、その規則も理性的に管理されている。そして構成員は規則に従うことで未来の予測を立てやすくなる。このように「非人格性」「標準化」「予測可能性」が揃っているがゆえに、官僚制は合理的なのである。

ピンとこない方のために具体例も述べておこう。会社で、上司の気分で決定がコロコロ変わるとか、身分や出自で職位が決まっているとか、ルールがどこにも書いてないとか、そういうことが起きたら困るだろう。なお、そんなことがしょっちゅう起きている組織は現代でも少なくないはずなのだが…。そういう組織では、「人格に依存している」がゆえに、「ばらつきがあって」「予測しづらい」ということが起きてしまう。

だから官僚制は必要だし、たとえば上場企業のような「ちゃんとした会社」ならば、官僚制に則っていないなど考えられない。官僚制が世に浸透しきっているのは、そういう理由によるものなのだ。こういうメリットを無視して官僚制はダメだの言っていても仕方ないというか、官僚制が世に受容されてきた理由については知っておくべきだろう。

余談だが、官僚制は実はトップマネジメントら経営者による権力の濫用を防ぎうる、ということにも触れておこう。「規則でがんじがらめ」というイメージのある官僚制は、組織の規則によって個人を拘束する。このとき拘束される個人は、経営者ら、権力をもつ側も当然含まれる。

権力者が公私混同して組織をほしいままにする、というのは最悪の組織像の一つといえようが、官僚制は規則を絶対視するがゆえに、官僚制が機能する限りはそれを抑制できるのである。ちなみにドラッカーも、類似の指摘をしている。

合理性仮説への批判

ただ、こうした「目的達成の手段としての合理性」のために官僚制は最も優れている、という言説に異議を唱える方もいるだろう。たとえば、そんなにうまくいくのか？ 負の側面はないのだろうか？ と。

歴史的にみても、著名な学者たちが既に官僚制批判を展開している。代表格が、社会学者ロバート・マートンによる「逆機能」の提唱である。つまり官僚制は、機能をもつが「逆」機能も働く。正の影響をもたらすと同時に、それは負の側面にもなるのだ。たとえば規則を遵守することは目的達成のための手段である。しかし構成員は次第に規則を遵守すること自体が目的化し、手段の実行に価値を置くようになる。

他にも「繁文縟礼」が挙げられる。文書主義が徹底されると、すべてが文字情報に起こされ、それらをすべてチェックすることになる。がしかし、多くの方にも経験があろうこととして、あまりにたくさん紙が配られるといちいち読まなくなる。内容の軽重もチェックしなくなるので、大事なことを見過ごしたり、逆に些末な情報をいちいち気にするようになるかもしれない。

このように、マートンらが提起したのは合理性を担保するための文書主義がかえって非効率を招き、情報の把握を鈍らせるという、官僚制の負の側面としての「逆機能」であった。官僚制はまったく完璧ではなく、むしろ負の側面が見受けられる。そんな議論になったとき、官僚制をやめる選択肢は、浮上しないのだろうか。合理性を追求するはずの官僚制が非合理性を招いてしまうならば、採用する意味はないのだろうか。

正当性仮説

官僚制は、合理的でないかもしれない。それでもなお官僚制が採用される意味を提起したのが、1983年にディマジオとパウエルが発表した論文である。タイトルは「鉄の檻再訪（Iron cage revisited）」で、まさに官僚制組織を主題にした論文だ。

官僚制は〝iron cage〟つまり鉄の檻と呼ばれてきた。既に述べたような、われわれを拘束し逆機能を発揮するというイメージを反映したメタファーである。ディマジオらは、この鉄の檻を再訪しよう、つまり改めて官僚制について考えてみよう、と提起したのである。

Coffee Break

鉄の檻？　殻？

　ところで、フレーズとしてあまりに有名な「鉄の檻」については、誤訳だという指摘がある。ドイツ人だったウェーバーは、原著では Gehäuse という語を用いていたらしい。それを社会学者のパーソンズが英語にするときに iron cage に英訳して、それをそのまま日本語にしたものが「鉄の檻」なのである。ちなみにウェーバーは、官僚制そのものを指して Gehäuse と言ったわけではない、ともいわれている。

　経営学者の高橋伸夫は、原語をふまえても「殻」と訳するべきだと述べる。自分を護ってくれるけど、重く感じてしまうもの。安全だけど、機動性を損なうもの。「殻」はなかなか示唆的である。なお、より古い日本語訳は「外枠」だったらしい。ちょっとダサい。

なお本章の後半に登場する松嶋登は、歴史的にみて誤訳だったとしても、鉄の檻という訳出はふさわしいとも述べる。官僚制は今なお、その語のイメージのみにおいてでさえ、われわれを拘束するからである、と。われわれが未だにこんなに官僚制に囚われるのならば、それはもう鉄の檻と言って差し支えないだろう、というわけだ。

さて、再訪のひとつの結論として見出されたのが、世に官僚制が採用される根拠は正当性(legitimacy)にあるという仮説である。官僚制には、社会的な正当性がある。どういうことだろうか。

デュポンという会社がある。1935年にナイロンを発明するなど、世界を代表する化学メーカーとして著名だった。このデュポンは「中央研究所」とよばれる巨大で独立した研究組織を所有した企業のはしりであり、ナイロンもそこで生まれた。

デュポンの中央研究所が成功を収めると、多くの企業がマネして中央研究所を持ち始めたらしい。その企業の中には、研究開発を必要としていないとか、どうやるかわからないとか、そういった企業も含まれていたとか。そんなことが起きる理由を考えると、「正当性」だと結論づけることができる。理屈は置いといて、それが正しいからやるのだ、と。

要するに、ウチには不要かもしれないけど、みんなやっているからやっておくか、みたいな話である。なんか日本人特有の集団性みたいだなあ、と思った方のために、これはあくまでアメリカを舞台に提唱された話だということはお断りしておきたい。周りを気にして合わせようとするのは、どうやら古今東西にみられる行動であるのだ。

なおこの正当性仮説に基づいて、ディマジオらは非常に著名な概念である「同型化(isomorphism)」を提示している。組織は社会から正当だと認めてもらうために、同型化、つまり同じような構造を採用しようとするのだ。

たとえばコーポレートガバナンス・コードや環境規制など、法的に強制される同型化もある。スティーブ・ジョブズが活躍するとベンチャー界隈の人々がみなタートルネックを着始めたみたいに、そうあるのが相応しいという規範に則って同型化することもある。あとはデュポンの中央研究所のように、模倣、マネして同型化するパターンがある。

正当なものは非合理なのか？

こうして、官僚制の採用に関する新たな仮説が加わった。官僚制には正当性がある。だから採用しておけば社会からよく思ってもらえるだろう、みたいな目論見から組織は官僚的になっていくのだ。非合理的だと思っていても、正当的だから取り入れることがある。「なんでそんなことやってるの？」「みんなやってるから…」

非合理的であるにも関わらず、みんなやってるから、と言って制度を採用してしまう。実に愚かにもみえる。ただ、立ち止まって考えてもみたい。われわれが「外」から、つまりその組織の外部から観察していたとして、あまりにも「他と違うこと」をしている組織を、信用できるだろうか。階層がないとか、文書を残してないとか、分業してないとか、そういった組織を。

とある会社と商談をしていて、イイ感じなので、ちょっと上の方と繋げてもらえますかと言ったところ、こう返されたとしよう。「ウチ、階層がない組織なんです。だから上司とかはいなくて。言うなれば全員が管理職ですね」。へぇ、先進的ですごいね、と言ってもらえるだろうか。その感想が正しいのかはおいといて、なんだこいつら、ヤバい会社か？　取引するわけにはいかないな…と思うのでなかろうか。

文書を残すという制度にしても、会社というのは、想像するより多くの書類を残す必要がある。社内のためだけでなく、外に説明するためだ。財務会計のため、人事の採用や評価のため、環境配慮のため。スポンサー、従業員、地域住民、様々な利害関係者に対して説明するために文書を残す。それは合理的でもあるし、正当でもあるはずだ。

逆に、組織が「文書なんかいらねぇよ」と宣って、その組織にとってそれが合理的だったとして、許してくれる人ばかりではない。お客さんも不信をもつかもしれない。

つまり、正当性を重視するのは非合理的なのだ、というのは、ちょっとナイーブにすぎる。面倒ですけど、いちいち異論を挟んでいても仕方がないのでとりあえずやっておきましょうか、というのも十分立派な処世術であり、「合理的」なのだ。

合理性って何なんだ?

正当性を求めるのが合理的でないとは限らない、という話をした。このように書いていると、素人の頭をもつ人は、気づいてくるはずだ。なんだか合理性という言葉は多義的で、マジックワードになっているんじゃないか。「そもそも合理性ってなんなんだ?」という問いに答えないといけないな、と気づくだろう。

合理性と言うと、おおむね効率性と同一視する方が多いだろう。しかしここでの合理性、つまり官僚制に絡んだ合理性は、必ずしも効率性を意味してはいない。社会学者の奥山敏雄は「合理性概念を所与の目的に対する手段選択の効率性として解釈するという誤解」と表現するくらいである。ウェーバー自身も効率性という言葉は用いていない。無駄なく目的を遂行できる、という意味は、合理性から派生したいくつかの意味のひとつでしかない。

「合理性」についてはウェーバー自身が深耕しており、主に4つの類型を提示している。まず個人の動機、つまり個人にも適応できる類型として目的合理性と価値合理性がある。目的合理性とは、「所与の目的を達成するためにとられる手段が合理的であるか」を意味する。目的に対する合理性という、読んで字のごとくである。

もし官僚制組織を導入することの目的が効率化なのであれば、効率的であればすなわち（目的）合理的であるといえる。合理性の多くは目的合理性を意味していて、かつ組織の目的として効率性が挙がることも多いので、合理性すなわち効率性だという「誤解」が生じるのも理解できる。しかし、もし官僚制を導入する目的が「ステークホルダーの信頼」なのであれば、非効率的であっても信頼を得られれば（目的）合理的なのだ、といえる。

続いて、価値合理性である。こちらは「目的や行為が価値観と整合しているか」を意味する。組織は必ず何らかの価値観をもつ。顧客第一、という価値観なら顧客満足に繋がるものが合理的なのだろうし、効率第一なら効率的なことが合理的だ、となる。

○○合理性

つまり、ウェーバーが考えた合理性とは、そもそも個人や組織にとって個々の目的と価値観が異なりうることを認めたうえで、それぞれに対して「理」に「合」っているか、という意味を内包していたのである。本来、合理性とは「○○合理性」と頭に何かついて意味をなす概念でもある。しかし、日常で合理性と簡単に言うそのとき、何に対する合理性なのかを明確に意識できている人は、おそらくほとんどいない。

さらにややこしいが、形式合理性という概念もある。「設定された目的に対して手段がいかに効率的か」という合理性である。目的合理性に関する「合理度」を測る概念、ともいえる。たとえばステークホルダーの信頼という目的のために用いる手段が官僚制だとして、その手段はいかに目的に対して合理的なのか、特に数値として「計算可能」なのかに注目する合理性である。

そして最後に実質合理性である。これは、目的の設定などが「理性的な判断」として合理的か、という意味をもつ。ステークホルダーの信頼を得たいという目的は「理性的」だろうか、そうであるならば合理的とよべる、というわけだ。理性的という表現は曖昧な気もするものの、ひとまず理解できるものではあるだろう。

4つの合理性

- ☑ **目的合理性：目的のために合理的であるか**
- ☑ **価値合理性：価値観に対して合理的であるか**
- ☑ **形式合理性：目的を達成するために効率的な手段であるか**
  →特に、計算可能であるか
- ☑ **実質合理性：理性に照らし合わせて合理的であるか**

価値の多神教

合理性には細かい類型がある。そしてウェーバーが示唆したように、合理性が目的や価値観に基づく限り、合理性の議論は最終的には「多神教」にならざるを得ない。価値観をもっとは広義の信仰であり、自らの内面を吐露することによってでしか表明できないし、他者にとって理解可能とも限らないし、そうである必要もない。

タバコを吸っている人に「タバコは健康被害を与えることが科学的に証明されている」とド正論を吐いても、「寿命が縮んでもいいから吸うんだよ、それが自分の価値観なんだよ」って言われたらもう、会話は成立しない。自らと異なる価値観を抑制したり比較することは困難で、合理性を語れど、いや語るからこそ社会は必然的に多神教化していく。

また、ここまで述べた合理性に関する議論をふまえれば、「タバコを吸うことは非合理的だ」と言っても、意味が判然としない文になってしまう。なに合理性なのかが示されていないからである。人生の目的が快楽の追求なのであればやりたいことをやるのが目的合理的であり、タバコを吸うことは合理的な行動だということになる。

その複雑さの中で、形式合理性はちょっと特別扱いされている。数的計算を重要視し、その他を捨象して計量によって目的達成を測定するという形式合理の志向性には、特に現代において有無を言わせず正しいと思わせる正当性があるからだ。数値を用いるというのは、他者に伝えやすいという意味で、えてしてコミュニケーション的である。

その意味でウェーバー自身も、形式合理性を加速させる方向で「近代」が進んでいく、と考えていたようだ。合理性の類型の中でも最も重視されていくのは形式合理性だと。実際のところ、数値がもつパワーはやはり強い。かえって混乱を生みそうな表現ではあるが、形式合理的であることが、多くの現代人にとっては価値合理的なのかもしれない。

ただ、形式合理性は、自然と「目的のための目的」を誘発する。官僚制は往々にして規則の絶対視を招いてしまうし、商人は「金儲けのための金儲け」をする。何が目的だったかは薄れてしまって、計測が容易で捨象された像をのみ追いかけるようになってしまう。目先の数字、わかりやすい規則や文書に拘泥して、目的を見失う。耳の痛い話だ。そして、ウェーバーはそれが古今東西起きうると見抜いていたと言ってよいだろう。

ウェーバー自身はナイーブに「官僚制は最強の組織である」みたいなことを言いたかったわけではなくて、官僚制の行く末を見極めてもいたのである。われわれにできることは、合理性という言葉すら多様なのであって、自分たちの合理性がどこを向いているのか、ふだん使う言葉の意味がどこにあるのかを自省することにあるだろう。

3．官僚制は悪だが役に立つ？

官僚制は創造性を阻害するか？

さて、既に述べたような「官僚制は合理性を謳いながら非合理である」「機能を求めながらも逆機能をもつ」といった意見とは異なる、別の観点からの官僚制批判が存在する。官僚制は、創造性の発揮を抑制してイノベーションを阻害するという懸念である。「規則でがんじがらめ」「上の意向が絶対」といったイメージからの連想が根拠だろうか。

たしかにイノベーションや創造性は、個人の柔軟な発想をボトムアップで拾うことで発揮される、というイメージはある。「目安箱」みたいな話である。改めて考えると、官僚制とは規則を重視し、階層を徹底する組織構造であるから、「新しいもの」は生まれづらいのだろうか。この問いに答えるべく、三篇の研究を紹介しよう。

①官僚制はイノベーションを生み出す？：「緊プロ」研究

まず、経営学者の松嶋登と浦野充洋による「イノベーションを創出する制度の働き」という論文から、官僚制がイノベーションを促進した例を紹介したい。官僚制は組織を硬直させ、イノベーションなど新しいものを阻害するイメージがあるとされる。ただ、先に言い切ると、これは誤解である。古いものだと、１９６５年の文献にも「誤解ですよ」という記述がみつかるそうだ。誤解が還暦を迎える程度には、根強い誤解ではある。

研究の題材となるのはシャープ株式会社の「緊急プロジェクト制度」である。シャープと聞いて、え？と思った方もいるかもしれない。液晶事業への傾倒から業績を悪化させ、台湾企業の鴻海に身売り。２０２４年には、大規模投資で設立した堺工場を9月末までに操業停止することが発表された。決して景気の良い企業ではなく、例に挙げるのに相応しい「成功例」には思えないかもしれない。

ただ、経営学が学問である限り、別に成功事例のみからしか何かを語り得ないわけではないし、成功した企業じゃないから例にならないわけではない。むしろ、全社的な成功や失敗は脇に置いて、起きたことを虚心坦懐にみることにもまた意味はある。

話を戻すと、緊急プロジェクト制度、略して緊プロは、業界内では評判の良い制度でもあった。後に苦境に陥るものの、シャープは技術力に定評があり、多くのイノベーションを生み出してきた企業である。このイノベーションの原動力が緊プロであったというのだ。

たとえば「AQUOSケータイ」、つまりテレビ機能を内蔵した携帯電話の開発も、緊プロから生まれたイノベーションである。今でこそ当たり前になってしまったものの、携帯電話を「横」にしてテレビを観るという発想は当時では画期的で、業界内でも評判になったそうだ。

緊プロの官僚制

緊プロは端的には「目的を共有した部門横断チーム」であり、分業を旨として分かれた組織内の部門ではなく、典型的な「プロジェクト組織」である。新しい製品を生み出すために各部門から人が集められて、知恵を出し合って仕事を進めるという意味で「脱官僚」的にも聞こえる。組織が決めた規則と分業に対してイレギュラーな集まりであるからだ。

しかし松嶋らは、緊プロは官僚的な制度であったと指摘する。イノベーションは、お金や時間がかかるわりに成功確率が未知数であるので、なかなか資源を動員しづらい。そこで緊プロでは、事業本部長や事業部長がプロジェクトの統轄責任者を務めることが規則化されていた。イレギュラーなプロジェクトであっても階層を維持することで、責任を明確化し、動員をスムーズにするのである。

また緊プロでは「成果を絶対に挙げる」という「規則」があり、社内では絶対化していたとされる。明文化まではされてはいないものの、標語のように関係者に内面化された規則は、プロジェクトメンバーにとってイノベーションの原動力となっていたのだ。

ＡＱＵＯＳケータイのケースでは、開発競争の過程で技術に優位性がないことが明らかになる場面があった。中止するか？　いや、今さら退けない、成果は絶対に挙げないといけない、というプレッシャーの中、ケータイを横にするという天啓が降りたのである。

緊プロの本音と建前

ところでこの松嶋らの研究は、「経済産業省産学連携人材育成事業」の一環として行われていた。研究の始まりは人材育成だったのだ。調査の目的も、おのずと人材育成に集約されていく。ところが、「緊プロの成果として人材育成が挙げられる」と対外的に発表しようとする学者に対して、企業側は難色を示したという。人材育成を肯定すると、「成果は絶対」という規則が薄れるのだと。

別に緊プロの目的を「人材育成」と位置づけることはできたはずだ。あくまでイノベーション人材を教育する目的である、と。実際のところ、経営層による講演や著書では、人材育成も強く喧伝されていたらしい。ただ、そうやって聞こえの良い、社会的には正当そうな目的を選んだとて成果は生まれない。人材育成こそ目的ですからという言い分は、だから成果がなくても仕方ないという甘えに簡単に転化していくからである。

「何に代えても成果を挙げなければならない」という感情こそが絶対的な規則であり、メンバーを動かし、実際にイノベーションを駆動させたのだと、松嶋らは考察する。「合理性」を考えるうえでも示唆深い。それはもはや価値観として内面化されたものであり、人材育成を目的に置くことは、価値合理性に基づいて非合理だったわけである。

表向きの報道や経営層の講演を聞く限り、緊プロは「脱官僚」的ですらある。ふだんの組織構造に囚われず自由な状況を与えて、若手を育成して、イノベーションまで生み出すと。ただ、松嶋らがみた「現実」からすれば緊プロはたしかに官僚制であり、そしてそれはそれでイノベーションを促進していたようにみえたのである。

また緊プロでは、プロジェクトのテーマ決定を「ボトムアップ」にせよという通達があった後に、撤廃された過去がある。1972年、世界初の液晶電卓を生み出したプロジェクトを契機に緊プロが始まり、1975年にはボトムアップでの画期的提案を募るも、有望なテーマは挙がってこなかった。ボトムアップでのイノベーションはあまりうまくいかなかったのだ。

緊プロは、少なくともシャープでは官僚的であってこそ作動する制度であった。上司が責任をもち、管理下でプロジェクトを展開する。「成果を絶対に出す」という規則が不動のものとして支持される。そういった「官僚制」に支えられて、緊プロは多くのイノベーションを生み出したのである。

なお、松嶋らの論文の締めくくりは、非常に示唆深い。官僚制はたしかにイノベーションの創造に寄与しうる。かたやイノベーションという概念自体が、「企業の生存のために必須であり、無条件に社会の役に立つ」といった絶対的な美徳と化し、自由な環境下のボトムアップによってでしか成し得ないという強迫観念をもたらしている。そんなイノベーション概念こそ、現代の「鉄の檻」ではないか、と。

②官僚制は組織を軽くする？：組織の〈重さ〉研究

次に、組織の〈重さ〉研究を紹介しよう。この研究は、日本の経営学を代表するビッグプロジェクトから生み出された。2003年に経営学者・伊丹敬之をリーダーとして発足したプログラムの中核プロジェクトとして開始されたのを皮切りに、全7回にわたって調査が行われた。余談だが、伊丹は2023年に経営学者として初めて文化功労者として表彰され、東芝の社外取締役なども務めた、経営学を代表する学者である。

調査に応じた企業も、IHI、花王、キリンビール、日立、富士フイルム、ベネッセなど、日本を代表する大企業が並んでいる。ただこのプロジェクトは、名だたる経営学者や大企業が数多く関わっている以外にも、特筆すべき点がいくつかある。

まず、初期の調査において得られた知見がその後の調査でも安定的に観察されている点である。第4章で触れる「追試」に成功した、再現性のある結果だとも解釈できる。

ここでの組織の「重さ」とは、「事業部のミドルマネジメントの、創発や調整活動を阻害する組織の劣化の程度」という意味合いで用いられる。日本の経営学においてミドルマネジメントの研究は昔から盛んであって、日本企業はむしろトップよりミドルにこそ強さの秘訣がある、といった議論が活発になされてきた。

重さ研究は、そのミドル研究の一環である。イメージとしては、組織が重いほどミドルの創造的な活動や日常の調整業務に支障が出る。逆にスムーズに完遂される組織は軽やかだ、というわけだ。昨今の流行り言葉でいうと「アジリティ」に近いだろうか。ミドルが軽やかに動くほど組織は軽くなる、それはいいことだ、というイメージである。

経営学とミドル

ここで、日本の経営学にとって重要概念であり続けてきた「ミドル」について、少し紹介しよう。金井壽宏・米倉誠一郎・沼上幹という著名な経営学者3名によって1994年に上梓された『創造するミドル』は、その名の通りミドルを描いた本である。

中間管理職が単に部下への上意下達や配慮をする存在にとどまらず、部門間を越境し、創造行為に寄与することが強調される。SECIモデルで有名な野中郁次郎らによる1996年の『知識創造企業』においても、ミドルが重要な役割を果たすことが指摘されている。

共通するのは、ミドルはトップや現場と濃密にコミュニケーションしており、ときに逸脱的な創造行為にも関わっていて、それが日本企業の強みだという主張である。これらは一定のエビデンスに基づきつつ、メッセージ性も含んでいる。バブル崩壊後の日本で、会社のために働く中間管理職こそが組織の強さの源だという経営学者の激励なのだ。令和の日本で同じメッセージが通用するか不安はあるし、通用してほしい気持ちはある。

官僚制が組織を軽くする

経営学者の渡辺周による全7回の（再）調査のまとめからは、次のような結論が得られている。まず先述のように、14年間にわたって、日本の大規模企業の「重さ」に、大きな変化は見られなかった。不思議なことに、重さは安定的に推移したのである。

また、個人が計画に拘束されているほど、組織は軽くなることが判明した。これは直感に反する事実だろう。具体的には、計画の内容が個々人に浸透していて、その計画を達成すれば昇進や昇給に繋がっているという関係が明示的に成立することで、組織は軽くなる。ここでいう計画は規則そのものではないものの、「組織が明示した規則・計画に、個人が従って仕事をする」という意味で官僚制の話をしていると解釈してよいだろう。

加えて、情報が「公式的に」流通することで、組織は軽くなる。文書を含めて、情報が組織の公式的な経路で行き渡ることが重要なのだ。注記すべきは、非公式経路、すなわち口コミとか飲み会や喫煙所で得るような情報は、重さに影響がなかったという点である。

アジリティのある人ってなんとなく「フッ軽」で、非公式経路からじゃんじゃん情報を得ることで他者を出し抜いて軽やかに動く、というイメージがあるけど、とりあえず重さ研究ではそれは支持されなかったのだ。「うまく取り入って自分だけ特別な情報を得る人が得をする」みたいなことは実証されなかったとも言い換えられる。

こうした知見から得られる示唆として、ミドルが創造や調整につつがなく従事するためには、計画にしっかり落とし込んで、公式の経路で情報を伝えて、それを従業員に浸透させていく必要があるのだといえる。腹芸ではなく、以心伝心で察するでなく、官僚的に規則と階層を以てマネジメントした方が、組織は軽くなるのだ。

③官僚制は組織をオープンにする？：「鉄の檻からガラス室へ」研究

最後に、正当性仮説の嚆矢であるパウエルが、2024年に著者の一人として発表した研究を紹介しておきたい。官僚制を「再訪」することでそのイメージに大きな影響を与えたパウエルが、2024年に官僚制を「再々訪」したのだ。タイトルは"From Iron Cage to Glass House"（鉄の檻からガラス室へ）。ガラス室とはガラスの温室を指すらしい。

ここで主題になるのは「オープン性（開放性）」だ。情報公開という概念が浸透し、組織はよりオープンであることを求められている。ただパウエルらは、情報開示や内部告発の支援は「真の」オープンではないと指摘する。重要な意思決定にステークホルダーが関与するといった「オープン性」は、いかに達成できるか。そしてそこに、官僚制はいかに作用するか。これがパウエルらの問いである。

なお、パウエルらが調べたのは非営利組織であることは、割り引かないといけない。様々な法や規則に厳格に縛られる株式会社や、利益を追求しないと生存できない営利組織とは事情が違うという意味である。そのうえでパウエルらはまず、組織が官僚制を採用することと、オープンさを発揮できることに「正の相関」があることを突き止めた（因果ではない）。この二つに何らかの関係がありそうだということはわかったのである。

ウィキペディアは官僚的

そして、組織がオープンつまり開放的であるための意外な条件が示される。開放的であるためには、同時に閉鎖的でないといけないのだ。

Dobusch という研究者らが発表したウィキペディアに関する論文は興味深い。たしかにウィキペディアは誰でも編集できるという意味でオープンだ。しかし、ルールも作らずただオープンにしてしまっては、ネット掲示板とか某SNSみたいにめちゃくちゃになるだけで、ネット辞書を作るという目的は達成されない。

だからウィキペディアは細かい規則を定めて、揉めたときのために強い権限をもつ役割を設けて、すべてを文書（ログ）で残すことを推奨する。おや、実はこれ、官僚制そのものだ。ウィキペディアは官僚主義的なのだ。目的合理的な官僚主義だ、とも言える。

そしてそれはあくまでも、オープンにして様々な人が行き来できるようにするためだ、という価値合理性に基づく官僚制であることを、忘れてはならない。

官僚的だからオープンになる？

パウエルらの研究に話を戻すと、彼らは興味深い事実を発見している。オープン化が叫ばれ推進されるようになった2000年代において、2005年時点で官僚制がより強かった組織ほど、2015年時点でオープン化が推進されていたというのである。官僚制を、閉鎖的で四角四面な組織であり変革に向かないと理解するならば、直感に反する事実だ。官僚的であるほどに、オープンマネジメントに向けて変化したというのだから。

具体的には次のように変化したという。2005年までは「戦略」「計画」こそが絶対であった。財務でも事業でも、内部で綿密に計画を練っておいて、忠実に実行する。実に官僚的である。しかし2015年までに「外部の声」により敏感になり、行動に反映させるようになる。そのように関係者の声に応えるべく行動するためには事前の計画は邪魔になってしまう。だからオープン化が進むにつれ計画の意義は後退していったのだという。

パウエルら自身、この興味深い事実に対してオルタナティブな仮説をもちながら論を進める。これは官僚制の「打破」、つまり古い経営層が退場し、旧弊が捨て去られたことでもたらされた革命なのか。それとも、官僚的だからこそもたらされた変化なのか。

変化のための官僚制

パウエルらは、こうした変化を支えた要因を三つ考えていた。デジタル化、専門家の介入、法的な強制、である。このうち、調査から支持されたのはデジタル化であった。要はITの発達である。シンプルながら、オープン化を目指すにおいて必須の条件であろう。

一例としてある組織では、意見を乞うべきステークホルダーが集まるサイトを発見し、そこに組織の人々が積極的に関わるようになったことで、オープン化が進んだという。官僚的な組織が的確に計画を実行することで収益を安定させ、デジタル化も達成する。すると自然と、外部の多様な人々を巻き込むようになる。つまりオープン化するのである。

繰り返し、ここで重要なのは、結果的に組織が官僚制を捨て去ったとしても、その変移において官僚制が果たす役割は大きかったということである。「殻」だった官僚制から脱皮したのだ。反対に、元々官僚制が弱かった組織はオープン化できていなかった。移行のための地盤が整っていなかったのだと思われる。

時代の要請に即して変化しようとする組織もまた、官僚的じゃない方がいいってことはなく、官僚制を活用しながら組織の性質を変革していくのだ。官僚制は、鉄の檻か、殻か、ガラス室か。またなんとも解釈が難しく、そして知見がさらに豊かになるような研究群である。

官僚制そのものは機能も逆機能も有する。そして四角四面であるがゆえに、効率性はもたらせても創造性を阻害する、と一般的には思われている。ただ経営学研究からは、イノベーションの創出や組織の「軽さ」、オープン化の推進といった目的に対しても、官僚制が寄与できうることが示されている。

結　両面思考のすすめ

本章では官僚制組織を例にとって、一般的に悪だと思われている制度が、意外な側面を発揮しうることを示した。ウェーバーやマートンの機能／逆機能の議論を引くまでもなく、官僚制にも良い側面と悪い側面があるし、ある側面は良いようにも悪いようにも転んでしまう。ここから、「両面思考」という技法を抽出しよう。

両面思考とは、ある物事には長所と短所の両面があるからそれを意識しましょうという、それだけといえばそれだけの話だ。ただこんな簡単なことを、われわれは簡単に忘れてしまうことがある。

なんとかリーダーシップ、レジリエンス、ウェルビーイング、ジョブ型雇用…突然うまれて流行る概念は、なぜかだいたいカタカナが混じっていて、そして魔法の道具のように扱われがちだ。そういう概念を用いれば、世界の問題がすべて解決するような錯覚に陥る。

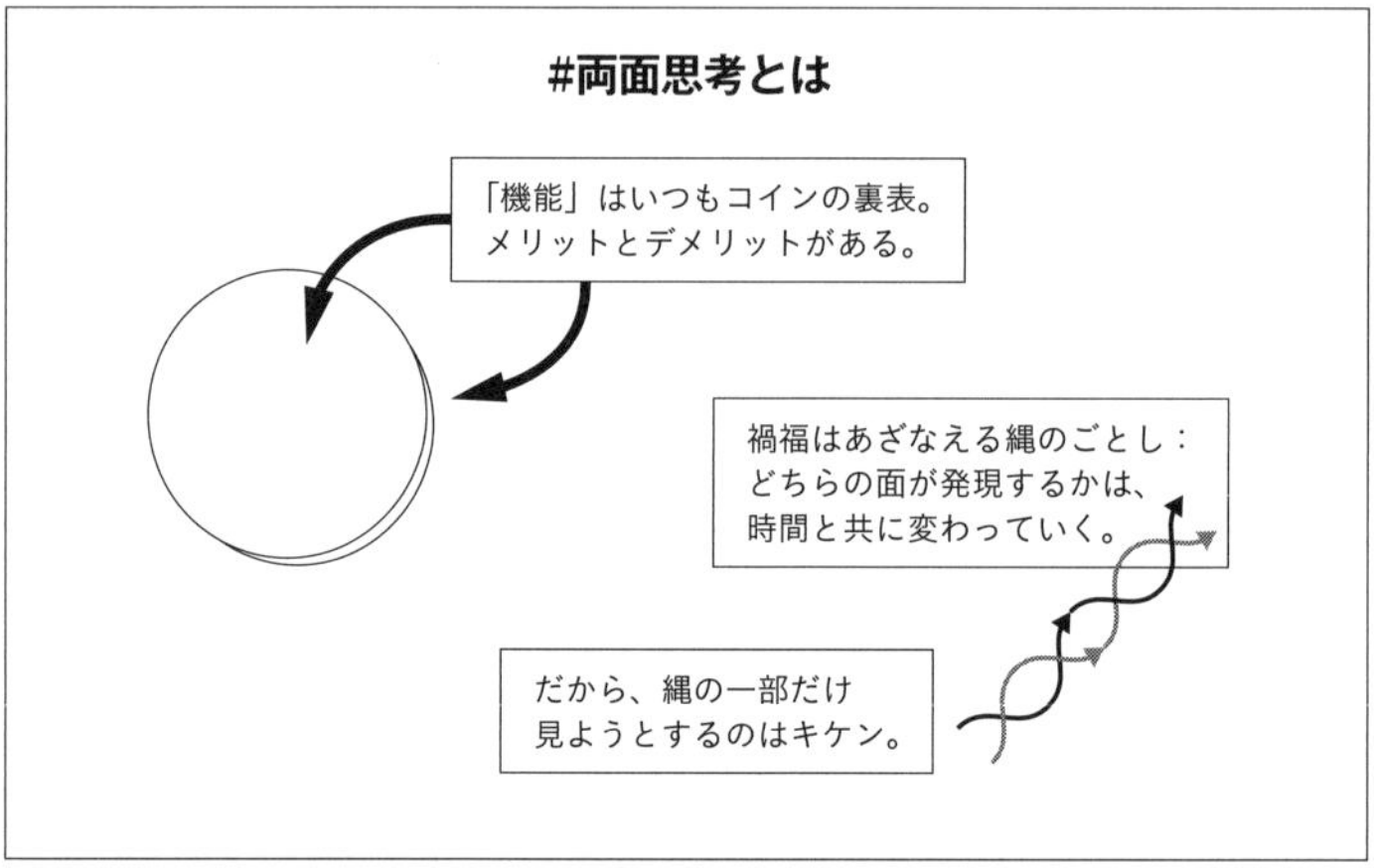

それら概念を専門家がきちんと提起しても、正確に伝わらないことも多々ある。

そして、きちんとトレンドを勉強してキャッチアップしようとする方ほど、こういう新しい概念に敏感である。それが蜘蛛の糸になると信じて、必死に勉強する。それは素晴らしいことだ。ただ、それらの概念にも確実に両面性があることは意識されるべきだ。

仮に、欠点がまったくない概念があるとしよう。たとえば、ジョブ型雇用を導入すれば、すべての会社は良くなって、日本経済は必ず復活できるのだとする。そんなわけがあるか。いや仮にそうだとしても、ジョブ型雇用は日本企業にとって「新しい」という時点で、欠点が存在する。新しさ自体が不利益をもたらすからだ。

新しいものは、絶対的に受容されづらい。また多くの場合、既存のシステムを変えないと導入できないはずなので、コストがかかる。たとえばジョブ型雇用を本気で導入するなら、採用や人事評価の体系を刷新する必要が生じてくる。それは欠点というか少なくとも多大なコストであり、導入への障壁であるとはいえるだろう。

コンコルド効果は「良いこと」もしたのか？

ある事物や制度、たとえば官僚制は、正の側面も負の側面ももつ。たとえば文書主義には様々な効用があるが、往々にして繁文縟礼を招く。形式合理性は、計算され数値化されているという点で多くの人に受容されやすいものの、手段の目的化を招く。

コンコルド効果という有名な概念がある。過去の投資の多寡が未来の成功に関係がないのに、投資の多寡を意思決定に影響させることを指す。超音速旅客機のコンコルドの開発にあたって、「今さら止められない」という「サンクコスト」への意識が働いてしまい、不採算事業の中止にふみきれなかったという事例から命名された効果である。

複数の大企業が投資し、巨額を投じたがゆえに損が予想されても退けなくなってしまった。この効果は明らかに「負の効果」だけを想定しているように思われる。

しかし、授業でこう質問されたことがある。「もし、今さらやめられないという気持ちで一丸になれるなら、それはコンコルド効果にも正の効果があるといえるのでしょうか」。答えはイエス、だろう。シャープの緊プロでも、成果を出すのが絶対だという規則がプロジェクトメンバーを発奮させていた。引き返せずにサンクコストに囚われてしまうという負の効果と同時に、潜在的には正の効果も発揮しうるはずなのである。

違う例を挙げると、「薬」について考えよう。とある医師が、著書でこう述べていた。「よく副作用と言うが、あれは副作用ではない。主作用である」。薬について、われわれは人間にとって都合の良い効果を作用と言い、悪い効果を副作用という。副作用というと、たまたま出ちゃった悪いものであり、仕方ない、運が悪かった、あくまで従属的に出るものだ、みたいなニュアンスを喚起する。

そうじゃなくて、副作用は高確率で起きる作用であって、価値判断の結果として副作用とよばれているのだ。薬もまた両面的であって、良いことももたらすけど、悪いことももたらす。だいたいのものは、そうなっていると思ってよいだろう。

経営学理論との接合：行為システム論

この両面思考を既存の経営学の知見と結びつけるなら「行為システム論」がよいだろう。行為システム論とは、2000年に沼上幹が『行為の経営学』において提起し、その後2023年に沼上にゆかりのある研究者が編纂した『「行為の経営学」の新展開』にてまとめられた理論である。知識を輸入する事が多い経営学において稀少なオリジナルの理論といえる。

行為システム論について詳説すると長くなるので、端的にまとめるため、行為システム論の特徴を三つ挙げよう。①行為主体の意図、②相互依存関係、③意図せざる結果、を重視する点である。会社の経営でも行為主体は意図をもつし、他者や他社と相互に依存しているし、行為は常に意図せざる結果を生む、ということだ。

たとえばこういうことだ。ある意思決定の産物である原因X1が、ある程度予想された結果Y1のみならず、意図せざる結果Y2を導く。さらにY2によって、さらに結果Y3が導かれる。これが意図せざる結果の典型である。また、このとき結果Y2は原因X2でもある。

まったく例えられていない気がするので、具体例を以て考えよう。たとえば取引先との

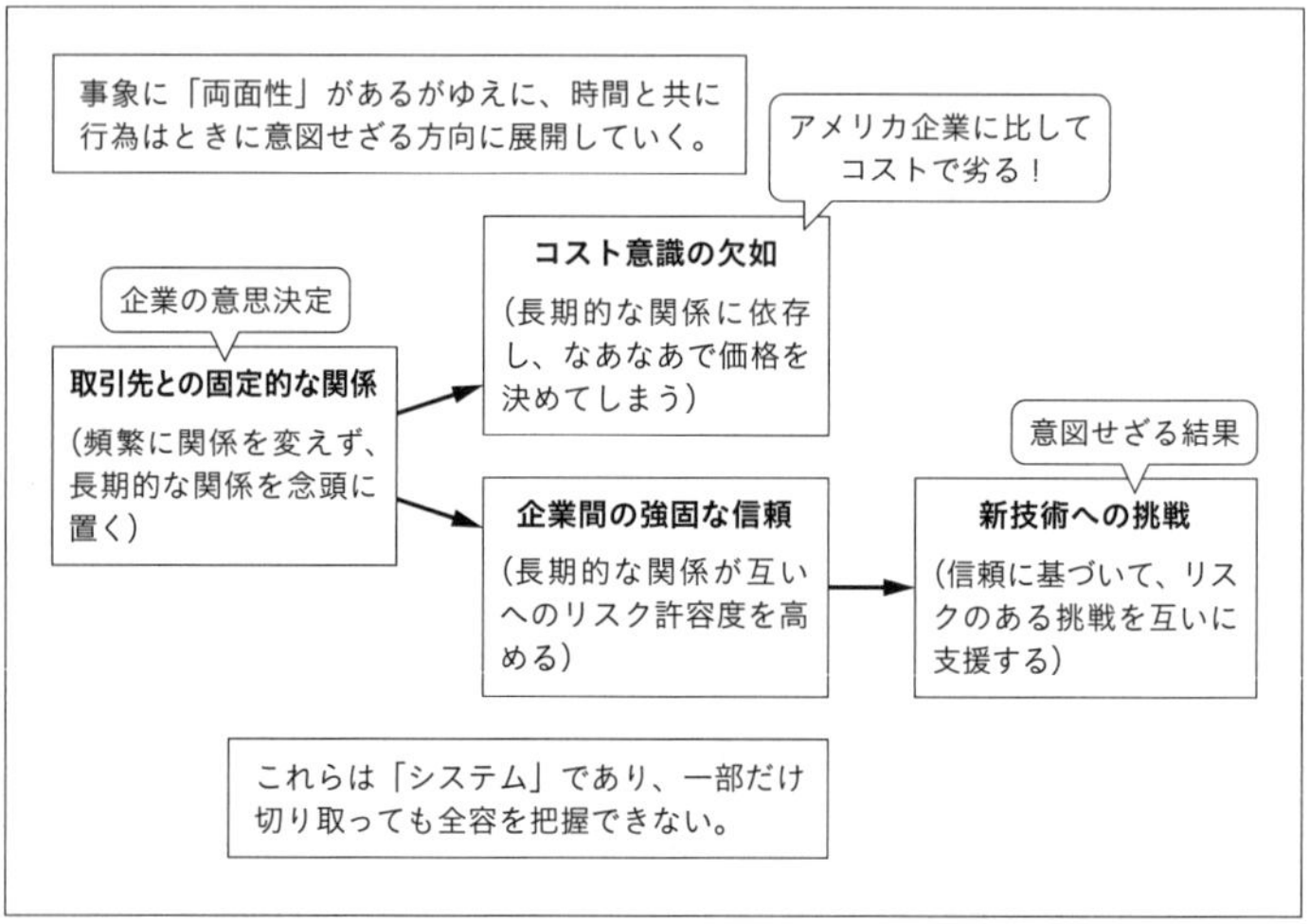

行為の因果の連鎖

固定的な関係（X1）は、緊張感の欠如ゆえにコスト意識の欠如（Y1）を招く。実際に日本企業は、「系列」に代表されるように固定的な関係を選好してきたので、取引関係を柔軟に組み替える米国企業に比してコストで劣り、ゆえに競争劣位になるといわれることがあった。

ところが、固定的な関係（X1）は企業間の強固な信頼（Y2）という別の結果を生じさせており、強固な信頼（Y2＝X2）はまた新技術への挑戦（Y3）という革新志向の意思決定を導いていた。かくして、こうした「意図せざる結果（群）」の作用によって、固定的な関係を好む日本企業が競争優位を獲得する、という説明が可能になる。

行為システム論の骨子はまず、ある意思決定から導かれる結果は、良い面も悪い面ももたらしうる両面的なものだ、ということが挙げられる。ある原因は単一の結果しか生まないわけではなく、複数の結果を生む。そしてその因果は連鎖していく。連鎖が重なると、すべてを予想することはできなくなってくるので、どこかで「意図せざる結果」を生む。

そういった連鎖のかたまりを「システム」とよぶ。システムもまた重要概念でありながら字面での理解が難しいので、イメージしながら読解していただきたい。システムは、その一部だけを切り取って理解しようとしても全体の理解に及ばないという特徴をもつ。

一例としてエコシステム（生態系）を挙げよう。生態系というのは、自然環境と動植物の、まさに連鎖によって成立している。「日本の生態系」を観察したとき、樹木「だけ」を切り取っても、昆虫「だけ」を見ても、その全容は把握できない。連鎖していく大きな広がりを捉える視野の広さが必要なのである。

両面を知ってなお、やる

以上、この章で述べたことは、官僚制の擁護や推進論ではないし、もちろん否定でもない。官僚制というあまりに浸透しきった組織構造を再訪したときに、それには長所と短所が必ずあって、両面があって、その両面を知ってこそ使いこなせるもののはずなのだ、ということをわれわれは知っておかないといけない。官僚制は両面性をもち、そして組織の基本原理なのである。

最後に、両面思考の「誤った」使い方が容易に想像できるので、確認しておきたい。あるプロジェクトをやるかやらないかという意志決定を迫られている、という場面を想像しよう。推進派（否定派）は、いちおうこういうデメリット（メリット）もあります、と控えめに述べて、でもメリット（デメリット）が大きいです、とプレゼンをする。

つまり、とりあえず「プロコン」を並べるだけ並べるものの、最初から答えは決まっているという筋書きで話が進むのだ。プロコンはPros & Consの略で、要はメリットデメリットである。コンサル業界でよく使われるらしく、両面思考が平常的に用いられていることがわかる。ただ、それが形骸化していないかは、常にチェックが必要である。

結論はもう決まっていて、両面性は「客観性」を担保するためだけに用いられる。こうならないために、両面思考を成立させるために、二つの条件が考えられる。「リスクヘッジ」と「時間軸の考慮」である。どちらも当たり前だが忘れやすいことだ。

まずリスクヘッジについては、起きうるリスクへの対処を考えておくのがポイントだ。取引先との関係を例にとるなら、長期的な関係によってコスト意識が欠如していくのは、いわば主作用であり、必然的に起きる。会社の方針として長期的な関係を選ぶのなら、その主作用への対処を考えるべきである。経理や会計部門など専門性のある部門がチェックと注意喚起を怠らず、経営陣もそれらの声に耳を傾けるという規則を徹底させる、などである。

時間軸の考慮が必要なのは、両面性が発現するには一定の時間が必要だからである。パウエルらの研究でもわかる通り、官僚制の良し悪しは即時に発揮されるのでなく、時間とともに転移する傾向がある。だから、しばらくはこっちの面が作用するだろうけど、時間が経てば違う面が見えてくるだろうな、という長い時間軸での予測が必要なのだ。

ものごとの両面性を把握して、ちょっと長めに時間軸をとって、それらへの対処を考えてみる。こうすると、より「思慮深い」意思決定ができるはずだ。ただしそこまで思慮深いと、往々にして「じゃあやめとくか」となってしまう。何もやらなければ、メリットは享受できない。両面を知ってなお「やる」ことが、経営には必要である。

本章の箴言

- 官僚制は悪だが役に立つ。官僚制なき組織など存在しない。
- 意思決定と行為は連鎖して、時間とともに両面性を顕在化する。
- ものごとの両面について思考せよ。そしてなお、実行しないといけない。

第4章

経営科学は役に立つのか?——箴言思考のすすめ

アメリカに行っても、とかく「科学」と言いたがる研究者に限って、「科学とは何か」という議論には驚くほど乗ってこない。科学そのものには興味がないのかもしれない。

——とある経営学者

1. 経営を科学する

科学という言葉には魔力がある。結局のところ「科学とは何か」という素人質問に答えられる人は少ないはずだけど、とりあえず科学という言葉は強い。科学という語を冠した本もたくさん出ているし、「科学的に証明されている」と言えば、絶対的な真理だという印象を誰しも抱く。繰り返し、科学とは何かをほとんど理解できていなくても、である。

経営学も、科学と密接な関係にある。経営学は「社会科学」に分類されることが多い。社会を科学しているというわけである。そして、経営と科学も、いろいろな関係がある。経営にとって経営学が役に立つとすれば、それは科学である経営学の知見を経営に活かすことを意味する、という発想はよく聞かれるし、科学って何かよくわからないけど、経営とかにも役に立つんでしょう、とみんな思っている。

経営学のご先祖さま

ところで、話変わって、経営学の起源はどこにあるか、ご存じだろうか。ある程度経営学を知っている人の答えはおそらく共通していて、フレデリック・テイラーの「科学的管理法」だと答えるだろう。ちなみに、なぜそう答えるのかというと、きっと「本や学校でそう習うから」。これは単純きわまりなく、そして決定的に重い理由だ。人は教育からしか学べないのだ。

実際のところ、現代においてテイラーを研究している経営学者はほとんどいない。つまり教える側にもはや興味がある対象ではない、というのが正直なところだ。にもかかわらず必ず習う。科学的管理法は経営学にとって「文化遺産」のようなもので、経営学徒にとっては必須の教養なのだ。宗教系の学校の多くに宗教の時間があるように、経営学では必ずテイラーに触れることになっている。

「科学」的であること

ただ、本書はテイラーの業績や科学的管理法を、遺産としての紹介にはとどめない。テイラーの主たる業績から100年以上を経た現在もなお、テイラーが紹介され続けていることには、必然とも呼べるような不思議な符合がある。

テイラーがその命名をどこまで意識していたものかわからない「科学的管理（scientific management）」、科学的に管理（経営）するというコンセプトは、呼称や中身を変えて、現代でも確実に強い影響をもち、むしろますます存在感を増しているからである。

本章のテーマは「科学的」な「経営」の再考である。経営学の始祖から世界最先端の経営学まで、経営学の中で科学がどう扱われてきたのか、科学とは何か、再考したい。

そこで、素人質問を導こう。

☑ **科学的に経営するとは、何をどうすることなのか？**

☑ **それは経営（学）の過去と現在において、実際どうだったのか？**

☑ **そもそも科学とは何か？**

2. 経営学の「正史」

科学的管理法の誕生と普及

さて、「科学的管理法」を知らない方々にとっては、若干意味不明な書き出しになったかもしれない。そこで、改めて科学的管理法とは何であるかを解説しておこう。とはいえ既に述べたように科学的管理法はほとんどすべての経営学カリキュラムにおいて習う内容であり、詳説されたテキストも数多く存在する。本書では戯画的にストーリーを追う。

フレデリック・テイラーという人物がいて、彼はある社会課題を解決する必要に迫られていた。当時のアメリカで社会問題化していたとされる「組織的怠業」である。意味は字面そのままで、「組織的に」「サボる」ということだ。

ちなみに科学的管理法を理解するためには、当時の社会的な「諸条件」を把握し、念頭に置くことが必須だ。科学的管理法が19世紀のアメリカで大成功を収めたマネジメント手法だとしても、21世紀の日本でも同じようにうまくいくとは限らない。もちろん、うまくいくかもしれないが。なぜなら、その成功／失敗を支える条件が双方で異なるからだ。条件思考を用いるべき局面である。

テイラーのケースで主戦場となるのは「工場」「生産現場」である。とはいえ、この工場も、現代日本のそれとは様々な意味で異なっている。

組織的にサボる

組織的怠業とは、組織的、つまり意図を伴って集団でサボることを指す。現代の会社でサボり社員がいるとして、多くは社員個人の資質に原因を求めるだろう。つまり、そやつにサボり癖があって、怠惰で、だから会社の意図に反してサボっているのだと。責任はそやつにあるので、辞めてもらって人を入れ替えれば解決するはずだ。

しかし組織的怠業は、こうした個人の資質によるサボりとは一線を画している。

単純化した話として、こういうケースを考えたい。工場で機械を組み立てる仕事をしている。「この職場は10人のチームです。各々の報酬は『成果』で決まっていて、個々の成果に応じて報酬を支払います」。こんな指示を受けたとしたら、皆様はどう働こうとするだろうか。「頑張れば頑張ったほど報酬がもらえるのか！じゃあ、頑張らないとな！」と、それで全員が思える世の中ならばよいのだが、現実はそうではなかった。

各々、ふだんは1日に30個くらい組み立てるとしよう。知恵のある人々は、こう思う。「待てよ、頑張って60個組み立てたとして、報酬はほんとに2倍になるだろうか。みんなが60個作ったら『あなたは平均しかこなせてない』みたいな理由で、報酬は変わらないんじゃないか。さらに70個のやつがいたら、自分の報酬が下がる可能性すらあるのか」

そして悪知恵が働く人々は、こう考える。「もしかして、全員で示し合わせてサボれば、1日20個しかやらなくても同じ報酬がもらえるんじゃないか?」

単に悪知恵と処すこともできない事情もあった。生産が増えると失業を招くと当時は考えられていたのだ。頑張ったら失業するなんてばかげている。

この思考過程では、いくつかの仮定条件が置かれている。

① 会社が支払う報酬の総額はほぼ変わらないであろうということ。
② チームの同僚の成果との相対評価で自分の評価が決まるということ。
③ 自分が意図的に能率を下げてもペナルティはないということ。

こうした条件下であれば言い出すヤツがいてもおかしくはない。「みんなでサボろうぜ」。

組織だからこそ困る

これが組織的怠業である。当時のアメリカでは、社会問題になるくらい流行したらしい。なお組織的怠業には誤解が含まれていたことも判明している。当時のアメリカは経済成長が著しく「作れば売れる」状況だったので、2倍成果を出せば本当に昇給されたはずだった。条件①は労働者の見込み違いだったのである。

だが当時はＳＮＳもなくて、メディアは未発達で、そんな風に社会状況を俯瞰した情報を民衆に伝えることが難しい時代であり、労働者側は知る由もなかっただろう。

さて、会社側は困る。作れば売れるのでどんどん作りたいのに、労働者側が意図的に能率を下げて生産を抑制するのだ。「組織的」なのがまた厄介だ。組織的怠業の原因は個人の資質ではない。だから、仮にサボっている従業員をクビにして新しく優秀な社員を採用したとしても起きうる。

むしろ「優秀」だからこそ、同僚とコミュニケーションをとり、意図を理解し、協力しようとするのだとしたら、優秀であるほどサボりに加担するとすら考えうる。組織的怠業は、個人の資質に原因を求めて自己責任論を展開したところで解決しないのだ。

テイラーの出現と活躍

さて、この問題をどう解決するか社会全体で頭を悩ませていた時期に台頭したのが、テイラーなのである。テイラーの提示した解決法を、先述の条件とともにみてみよう。会社側としては「このくらいの量を作りたいのに、意図的なサボりで未達になっている」が課題だ。条件①は実際のところクリアできていた。だから②③をどうにかする必要がある。

テイラーはまず、報酬制度を変えることを提言した。他と比べるとか考えずに、その人がその人なりに頑張れば、それが跳ね返るような制度にすればよい。そこで次のような制度を提案した。まず、最低限これだけは作らないと報酬を下げられるというライン、つまりノルマを設定する。そしてノルマ以上の成果を出せば、そのぶんの報酬を上積みする。これで条件②③をクリアできる。これは「差別的出来高制度」とよばれる。

科学的な動作研究

そしてもう一つ、テイラーを有名にしたものがある。「動作研究」である。ここまで述べた仕事の多くはいわゆる単純作業だ。マニュアル通りに機械を組み立てるとか、言われた通りにレンガを運ぶとか、釘やネジを加工する、など。つまり、創造性や革新性をあまり必要としない。なので、仕事に求められる基準は必然的に「効率性」になる。テイラーは同じ成果を得るため、主に時間をいかに短縮するか、という問いを立てる。19世紀アメリカにもタイパは存在していたのだ。テイラーが編み出した手法は、本人に言わせれば「科学的」であった。彼は科学的なアプローチによって労働者の動作を研究し、より効率的な動作を特定し、それを現場にフィードバックしたのである。

ちなみにテイラーのアプローチ自体は、まったく新しいわけではない。たとえばミシェル・フーコーの著作『監獄の誕生』内には、軍隊の規律に関して、以下の記述がある。

「行為は諸要素に分解され、身体の、手足の、関節の位置は規定され、一つ一つの動作には方向と広がりと所要時間が指示されて、それらの順序が定められる」（p.156）

これは1766年1月1日付「歩兵の教練を規制するための王令」の一節らしい。軍隊のように「コスパ」「タイパ」が厳密に求められる場所では、動作を研究して現実に応用するという志向が元々あったのだろう。

経営と現場の分離

もう一つ、テイラーの業績がある。テイラーが考えたような報酬制度の刷新であるとか動作の研究は、必ずしも現場発で生まれたものではなかった。当時の作業現場は「職長」とよばれるリーダーを置いていた。これは管理職というより「親方」であり、チーム内の年長者などが務めていたようだ。現代の「上司」ともニュアンスが異なっている。

当時の現場は肉体労働が多く、いわゆる知能労働のような業務はさほど求められなかった。対して、報酬制度の設計や動作研究は知能労働に分類される。実際、テイラーは知能労働者であるコンサルタントだった。その二つは能力的な向き不向きがはっきりしており、うまく分業する必要があるように思える。

結果的には、「考える・決める」側と、「実行する」側との分業が進むことになる。前者が経営陣であり、管理職であり、ホワイトカラーである。後者が、労働者であり、作業者であり、ブルーカラーだ。かくして「資本家」と「労働者」が中心だった世界観に、「経営者（マネージャー）」が台頭していくこととなる。

Coffee Break

ライトブルー人材

ちょっとカジュアルな例を考えたい。17時に仕事が終わる。職長が叫ぶ。「よし！ 今日はパーッと飲みに行こうか」。あるいは、「今日の作業で気付いたことの共有と、改善のためのアイデアについて話し合おう」。皆様は、どちら派だろうか。もちろん、飲みに行って改善について話し合うことも、できるであろう。

日本のブルーカラーは、積極的に後者に従事したのだという。職場のあれこれについて自主的に話し合い、意見を出し合い、実行に移すコミュニティを作り上げており、それらは品質管理（Quality Control、ＱＣ）について話し合うため「ＱＣサークル」と呼ばれていた。

テイラーの時代においては、ブルーカラーは単純な肉体労働を、ホワイトカラーは複雑な知能労働を担うという分業が比較的明瞭になされていたように見受けられる。ただ、特に現代のものづくりの現場においては、ブルーカラーがホワイトカラー的な仕事もするし、ホワイトカラーにもブルーカラー的な仕事が含まれることが、経営学者の大木清弘と藤本隆宏によって指摘されている。

大木らはこの現象から「ライトブルー人材」という概念を提唱している。ブルーとホワイト、両方できる「水色の人材」こそが必要だし、それは国際的にみて競争優位にもなるだろうという発想だ。少なくとも、「工場労働は言われたことをやるだけの単純作業」とは言えないことは確かであり、ものづくりが強い日本にとっては、勝負どころとすらいえる要所なのである。

テイラーの功罪

こうしてみると、テイラーはたしかに革新的なアイデアを生み出し、そして何より社会実装した人物だったことがわかる。社会の中の問題をあぶり出し、科学的に解決策を考え、実行して解決する。とても理想的だ。実際にコンサルタントとしてのテイラーはきわめて売れっ子で、「科学的な経営」の象徴的な人物となっていった。

だが、にもかかわらず、反発もあった。テイラーの発想は「人間を機械のように扱っている」という批判が巻き起こったのだ。チャールズ・チャップリンも、代表作である『モダン・タイムス』において、科学的管理法を揶揄するような描写を挟んでいる。革新的だとして人気を得た手法は同時に、批判にも晒されたのである。

なおテイラーは批判を知らなかったわけではなく、無視したわけでもない。テイラーは著作内で、この手法は新しすぎるかもしれないので拙速に導入せず、労働者との十分な対話と理解を以て導入すべし、といった旨のことを述べている。なかなかのバランス感覚である。

人間関係論の登場

テイラーの科学的管理法はアメリカを席巻した。アメリカが世界において特筆すべき経済成長を遂げた一因であるという考察すらされるくらいで、テイラーイズムが遺した影響は今なお強い。ただ同時に、大きな批判も巻き起こっていた。テイラーイズムのカウンターとして登場したのが、エルトン・メイヨーを旗手とする「人間関係論」である。

テイラーの主張を注意深くみると、テイラーは決して人間性を無視していたわけでも、毀損することを看過していたわけでもないはずだ。ただ、その志向が当時としては極端であったこともあって、多くの反発を招いてしまった。

反発がありながらも科学的管理法は多くの支持を得て全米に広まっていき、どういった要因が効率性を高めるのか、動作研究に似た問題意識から多くの実験が行われていく。たとえばホーソンという場所にあった工場における実験は、ホーソン実験と呼ばれている。

この実験では、どのくらい明るいと一番能率が良いかという「照度」について明らかにしようとしていた。余談だが、大手ファミレスでバイトしている学生さんから、こんな話を聞いたことがある。「ファミレスの電灯変えたんですよ。明るくして。そしたら、お客様のアンケートで、好意的な回答がすごく増えて」。まさに照度研究である。現場における動作を研究するうえでは、そういった要素も検討すべきなのだ。

さて、ホーソン工場での照度実験は、なぜか不思議な結果になった。「どの照度に設定しても、能率が以前より上がった」というのだ。つまり、照度の実験を行う前より成果は上がった。しかしそれはどの照度でもそうだったので、照度のおかげではないらしい。

この驚くべき結果に対して実験を重ねた結果、メイヨーはある結論に達する。「心理」が作用しているのではないか、という仮説である。つまり、ホーソン実験で成果が上がったのは、「自分の仕事は注目を浴びている」「自分は何か成果を期待されている」という心理が働いた結果だったというのだ。今風に言えばモチベーションが上がったのである。

心理こそが真理

メイヨーと共同研究者のレスリスバーガーが勃興させた学派を「人間関係論」とよぶ。「人間性」なるものが、主には心理というかたちで組織や仕事の成果に影響していると考える学派である。現在でも *Human Relations* という著名な学術誌があるくらいで、メイヨーは現代の科学研究にもおおいに影響をもった「始祖」の一人だといえる。

現代基準でみると、この仮説は陳腐にすら思えるかもしれない。従業員の心理が成果に影響しているなんて、当たり前に過ぎる。ただそれを改めて声高に主張したのがメイヨーだったのだ。現代でも、「20世紀においてマネジメントの理論や実践に最も強い影響力を与えた25冊」の中にホーソン研究に関わる書籍が2冊も選ばれるなど、流行に左右されがちな経営学において、人間関係論は強固な支持を得続けている。

なお人気の背景に「社会的望ましさ」が影響していることは否定できない。経営陣による策定と命令を旨にしたテイラーイズムに対し、従業員の人間性や自律性・主体性を重要視するのが人間関係論である。「人間の自律性・主体性が発揮されてこそ、成果は生まれる」という「物語」への共感が、浸透と定着に作用したであろうと推察できる。

ここで、テイラーとメイヨーの功績に基づいて、問いに一度答えておきたい。

☑ **科学的に経営するとは、科学知を経営の現場に適用することを指す。**

☑ **たとえば、科学実験を通じて得られた知見（例：照度がいくつのときに成果が…、仕事を自律的に決定するときに成果が…）を、現場に実装させることで、望ましい成果が得られる。**

これがおそらく、現代にも通じる「最大公約数」の回答であろうと思われる。「EBM的テイラーモデル」とでも呼べるだろう。

3. 経営科学のアナザーストーリー：それらは「科学的」だったのか？

ここまでは一般的なテキストにも記述される経営学の「正史」であり、既知の方も少なくないだろう。で、同時に、あまり知られていない「事実」を提供したい。すなわち、テイラーやメイヨーの主張・論考は科学的と名乗っておきながら、科学の観点からすればまるで脆弱であり、根拠薄弱なのだという批判が存在するのである。

ここまで敢えて、「科学的」とは何であるかについて詳説してこなかった。賢明なる読者の皆様は「ここで言ってる科学とは、何を意味しているのだろう」とは思ったかもしれない。科学とは何かという説明はさらに後回しにして、ここでは先にテイラーやメイヨーの研究にどういった批判が寄せられているかについて述べていきたい。

科学の視座からの批判

テイラーは、コンサルタントだった。より正確には、エンジニアとしてキャリアを積みながら、科学的管理法の社会実装で徐々に名を上げ、最終的には「伝道師」としてコンサルタント業務に精を出していた。

その「コンサル」とは、どのようなものだったのだろうか。テイラーは「シュミット」という男を引き合いに出し（シュミットは仮名）、このシュミットが科学的管理法によっていかに成果を向上させたか、いたるところで語ったという。テイラーの主張の多くは「こういうことがあった」という「少数の事実の報告」だったのである。もちろんそれ自体が悪いわけでもない。ただ、別に科学的なやり方とは言えない。

メイヨーらのホーソン研究の方が、多くの批判が寄せられている。蔡芒錫の論文の一節から引用すると、「ホーソン研究に牙を向けてきた人々によれば、ホーソン研究は記念碑的な研究どころか、科学的に何の価値もない神話に過ぎず、研究途中で何が起きたかを正確に把握することが永遠に不可能な、全く信頼できない研究」（p.15、一部中略）と言われるほどである。

なお、「ホーソン研究に向けられてきたこれらの諸批判が、大学で良く使われているマネジメント関連の入門教科書ではほとんど取り上げられていない」（p.15、一部中略）という指摘もあるので、本書ではしっかり取り上げておきたい。学術界で厳しい批判に晒され続けているのに、同じ学術界で未だに一定の評価を受け続け、そして社会一般にはほとんど知られていない。不思議なことではある。

科学とは何か？：批判から考える

ホーソン研究は「実験」を中心としており、以下の点で不十分だと指摘されている。

☑ **実験のサンプルが少なく、偏っている。特に性別に偏りがある。**
☑ **サンプリング（収集の方法）が偏っている。未婚女性に限定している。**
☑ **実験対象を意図的に交代している。**
☑ **実験群（5名）と統制群（100名）がアンバランスである。**
☑ **実験を記録していない。**

ここでクイズをしてみよう。こういったことが批判されるということは逆に、「科学に求められることって何だろうか」について、考えてみてほしい。

それは批判になっているか

ところでテイラーイズムは「経済インセンティブ仮説」に基づいている。ニンジンをぶらさげることで成果が上がると仮定しているのだ。対してメイヨーの人間関係論は明確にテイラーイズムへのカウンターとして登場しており、そうではなく人間の心のうちにある自律性や主体性こそが重要だと説いた。

たとえば「会社の成果を決めるのは経営陣の手腕だ」と主張する人がいるとしよう。そこで別の人は「いや、現場社員の働きこそ成果を決める」と言う。これは居酒屋で議論するなら面白いネタかもしれないが、後者は前者への「批判」にはなっていない。なぜかというと、「どちらも大事である」が十分成立しており、両者が排他的でないからだ。そして後者の意見は、前者の主張の何かを一切否定できてはいないのである。

ゆえに先述の蔡の論文においても、「ホーソン研究の不思議な点は、経済的な要因が重

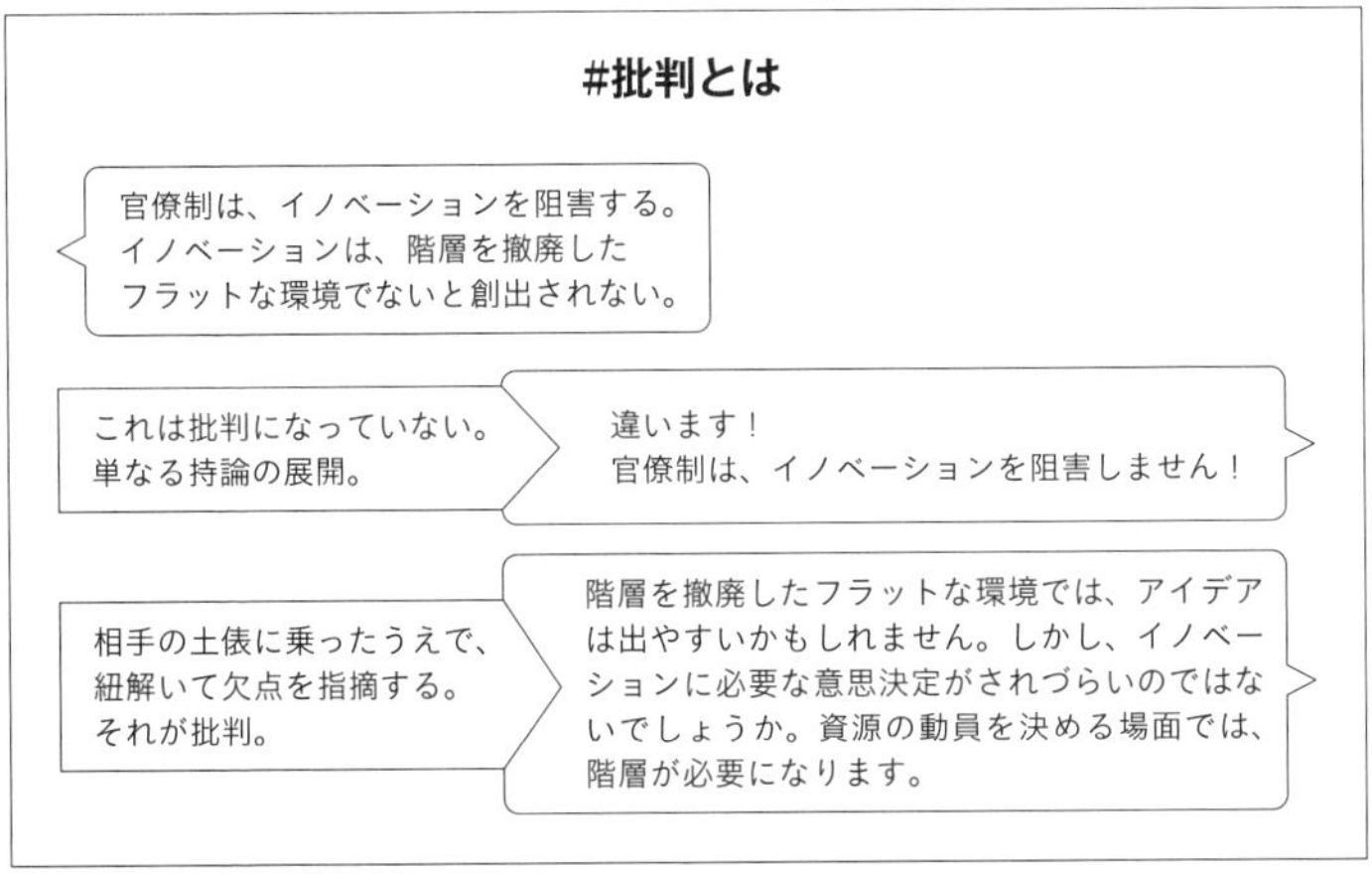

#批判とは
官僚制は、イノベーションを阻害する。

イノベーションは、階層を撤廃した
フラットな環境でないと創出されない。

これは批判になっていない。

単なる持論の展開。

違います！

官僚制は、イノベーションを阻害しません！

相手の土俵に乗ったうえで、
紐解いて欠点を指摘する。

それが批判。

階層を撤廃したフラットな環境では、アイデアは出やすいかもしれません。しかし、イノベーションに必要な意思決定がされづらいのではないでしょうか。資源の動員を決める場面では、階層が必要になります。

批判は相手を理解してこそ

要ではないという根拠を何一つ提示していないのに、まるでその根拠を明確に提示されていると信じ込まれている」なんて指摘されてしまっている（p. 15）。

批判に必要なこと

ある経営学者は「無神論の立場から宗教を批判することはできない」と例えた。「私は、神はいないと思っています。ですので、宗教はおかしいです」と言っても、これは単なる自身の価値観の表明であって、価値観を吐露することはたしかに大事ではあるけど、宗教への批判にはなっていないのだ。余談だが、SNSとかで議論とか批判と呼ばれるものは、だいたいこの程度にとどまっている。

「あなたは神が存在すると言う」「そして神は〇〇する、そして△△であると主張している」「ところが〇〇ならば、同じ口で言っている△△は、成立しないのではないでしょうか」。これが批判である。つまり批判とは、相手の主張をしっかり理解しないと成立しないし、そして主張に内在する問題について指摘されるべきなのだ。批判元の主張や論考について熟慮し把握に努めない限り、批判は成立しないのである。

ホーソン実験はこの意味で、テイラーイズムへの批判になっていない。新しく提唱された知見のそれぞれが、経済インセンティブ仮説を否定できていないからだ。批判は、内在的になされるべきである。外から異なる基準をもちこむことは、批判として妥当になり得ない。

ホーソン実験のマズさ

もっとマズい指摘もある。ホーソン実験の「伝説」は、照度について調べようと思ったら結果がまったく予想外で、それが新たな発見に繋がったという「美しい失敗」から始まる。ところがホーソン実験では当初、労働時間や休憩時間が生産性に関係していることを裏付ける結果が出ていたというのだ。これは、労働条件の操作によって生産性を達成できるというテイラーイズムとなんら変わらない結果である。

他にも、実験群が高給になったことへの抗議から出来高を止めるなど、望ましくない「作為」や「介入」が多々あった。管理のゆるさが生産性に及ぼす影響を測る実験でも、「管理を強めると生産性が上がった」という結果が得られた他方で、「生産性が上がったら管理を緩めていた」と言われる。見事な詐術だ。

つまり、「生産性が上がったら管理を緩める」ことを経たうえで、後から「管理が緩い状況で生産性が上がっていた」と主張するわけだ。なお、なぜわざわざホーソン実験の落ち度をこんなに強調するかというと、もっと科学が進歩したはずの現代でも容易に起きる誤解や欺瞞のパターンだからである。

倫理の視座からの批判

悲しいことに、テイラーとメイヨーへの批判はまだある。次は、倫理的な観点からの批判である。科学とは真逆に思えるかもしれないけども、倫理は科学ときわめて密接で、科学を遂行するうえで絶対に無視できない要素である。

先述の、シュミットと呼ばれた労働者を、テイラーは次のように表現していたという。

「精神的に鈍いタイプのシュミットのような男」「知恵のあるゴリラを訓練」「非常に愚かで粘液質型」。当時は今ほど人権意識がなく、特にテイラーイズムが対象とした現場作業者は高い教育を受けていないことが多いため侮りの対象になりやすかった。にしても、その言いようは科学者としてふさわしくない、というのも当然の指摘だろう。

メイヨーについては「自らが望む結果を得るために」実験をしていたと繰り返し指摘されている。状況証拠としては、一連の実験の前に既に構想をもっていて、それを支持する結果を次々と見出したようだ。メイヨーの内心や動機を現時点から改めて解明することは不可能に近いし、すべきでないかもしれない。ただ、実験に私心を入れてはいけないという箴言を導くことはできる。

メイヨーが犯した誤りは、現代の科学の手続きや研究倫理にもおおいに適用できる。メイヨーがやったとみなされていることは、「疑わしい研究実践（Questionable Research Practices, QRPs）」として、現代の科学でも頻発しているといわれる。

ところで、テイラーやメイヨーの研究は科学的に正しいとは言えなかった、というのはほぼ評価が固まっている。だからウソですダメですという以上に、考えるべきことがある。非科学的であるはずのことが、たしかに社会から支持を得て浸透し、その後の科学を発展させたという事実である。どうやら、科学的に正しいことしか役に立たない、わけじゃないのだ。

4. 経営科学の正しさの基準

ホーソン実験から学べること

断っておくべきは、メイヨーらから始まった人間関係論は、その後これらの問題をきちんと解消して発展したということだ。いわば嘘から出た実である。心理学は2010年以降に「再現性の危機」とよばれる重大な問題にぶち当たるものの、そういった問題に専門家が真摯に答えようとしていることには間違いない。科学は確実に進歩している。

ここから、ホーソン実験の誤りを精査するにあたり、「経営科学における、正しさを測るいくつかの基準」を紹介しておこう。これで必要十分、とは思わないでほしいものの、よく用いられる大事なもの、というイメージである。

社会科学でよく用いられる「正しさ」の基準が二つある。信頼性と妥当性である。信頼とか妥当という言葉は一般的にもよく用いるし、意味もまあなんとなくはわかる。ただ、科学で言うところの信頼や妥当は、少しニュアンスが限定的である。それぞれが指す意味を、簡単にまとめておこう。

なお、本書に述べることは「科学」と呼ばれるものの多くに当てはまってはいるはずだが、特に自然科学と社会科学では流儀が異なることが多く、呼称やニュアンスにおける分野の差はかなり大きい。なので、本書の話はとりあえず「経営学」を中心にしたものであって、また近接領域の心理学などの知見を借りていることにご留意いただきたい。

信頼性の意味

信頼性（reliability）とは概ね、「測定の一貫性」を意味する。同じ条件で測定すると同じ結果が得られる、ということだ。細分化すると、再現性・等価性・内的整合性が含まれる。以下では、特に再現性について詳説したい。

なお等価性と内的整合性について簡単に触れておくと、等価性とは「過去の似た研究（実験、調査）と、尺度（測り方）がどの程度近いか」である。あるサイトでは「実際にはそれほど厳密に検証されていませんし、試験でもほぼ出題されない」と書かれていた。悲しい。ただ、科学という見地からみると等価性には大事なニュアンスが含まれている。科学は、過去の研究蓄積との連関および連続性を必ず問うのである。

内的整合性は「尺度（測り方）が、その研究（実験、調査）において、どの程度一貫して同じものを測れているか」を意味する。ここでは詳説しないものの、妥当性の議論を組み合わせると理解は促進されるだろう。

信頼性のうち、現代で最も重要視されるのが再現性である。信頼性と再現性は本来異なるものだが、同一視されている側面すらある。STAP細胞騒動などで一般的にも話題になったことも一因であろう。再現性とは、「ある研究の結果（実験、調査）が、同じ条件で繰り返し再現できるか」を意味している。

ただ再現性は、心理学における「再現性の危機」からもわかる通り、けっこう確保が難しい。たとえば一般的にも浸透している「アンケート調査」は、実はかなり工夫をしないと再現性を得られない。一例としては、同じ人が答えているのに時間や状況によって答えが違ってしまうなら、それは再現性のないアンケートだということになる。

アンケート調査はかなり一般に浸透した手法であると同時に、科学的に扱うことがなかなか難しくもあるのだ。安易にアンケートをとってみても、たいした結果が出ないどころか、間違った「エビデンス」になることすらある。学術界では「質問票調査」と呼ばれることが多く、かなり慎重かつ精緻に質問票を作成するし、方法が厳密に確立されている。

まとめると、科学的知見の信頼性の高さとは、「同じようにやったら同じ結果がもたらされる度」によって決まるといえるだろう。繰り返すが、信頼性は分野によって指す意味が異なることがあり、少なくとも再現性とイコールではない。再現性は信頼性のあくまでいち側面である。

Coffee Break

MBTIは科学ではないのか、だとしたらどうするか

ところで、2023年前後に若者の間で大流行した心理テスト・MBTIをご存じだろうか。韓流アイドルが広めたらしく、20代前後のZ世代を中心に人気を得た。

一方で、SNSをはじめとしてMBTIは非科学・疑似科学だという指摘が多くなされている。ある経営学者は、MBTIに関する論文を発表したとSNSでリリースしたところ、疑似科学だ、STAP細胞だ、と炎上してしまったらしい。STAP細胞は関係ないだろう。

MBTIの源流が心理学にあることは事実であり、科学の香りをまとっているので、なかなか毀誉褒貶の判断が難しい。ただ非科学を主張するのであれば、いかなる基準に基づくかくらいは知っておいて損はない。ひとことで言うと、MBTIは信頼性に疑問がもたれている。同じ人が同じ診断を違うときにしたら、結果が変わってしまうなどである。

ちなみに、ある学生が卒論で、MBTI上の相性と実際のカップルの相性を調査したところ、現実に成立しているカップルの少なからずはMBTI上の相性が良くなかったという結果が得られた。本当は相性が良くないのに付き合っているのだろうか。MBTIは非科学だとして、MBTIからは何がわかり、どう使われるべきだろうか。

妥当性の意味

続いて妥当性（validity）とは、「測定のバイアスのなさ」である。測りたいものを測れているかどうか、とも言える。クックとキャンベルという心理学者のテキストが非常に有名で、経営学でもよく読まれている。クックとキャンベルは妥当性を4つに分類しており、実質的に統計学上の正誤を問う「統計的妥当性」を除いた3つを紹介しよう。

なお、まず大前提として、これらの妥当性は、X（原因）とY（結果）の「因果関係」を究明するという目的に基づいている。科学という広い世界の中で、因果関係（因果推論）は重要ながらも一部の構成要素でしかないのだけど、特に後述のEBMなどでは因果関係（のみ）が強調され、主目的になることも多い。因果関係に非ずんば科学に非ず、という感じだ。

内的妥当性（internal validity）は「因果推論」に関連している。X（原因）とY（結果）の関係が、どれだけ強いかを気にする概念である。まず前提として、両者は「共変関係」にあると考えよう。Xが上がったり下がったりすれば、つまり値が変われば、Yも同様に値が変わる関係、それを共変関係とよぶ。

しかし、共変関係が因果関係であるとは限らない。たとえば「コーヒーを飲む頻度が高い人ほど、体重が重くなる傾向がある」とする。これは共変関係だが、明らかに因果関係ではない。コーヒーを飲むときに砂糖をドバっと入れているか、一緒にお菓子を食べているのだろう。共変関係にあるXとYが因果であるか特定するのはふつう難しい。

内的妥当性、つまりXとYの因果関係の強さを説明するために最も邪魔になる一つが

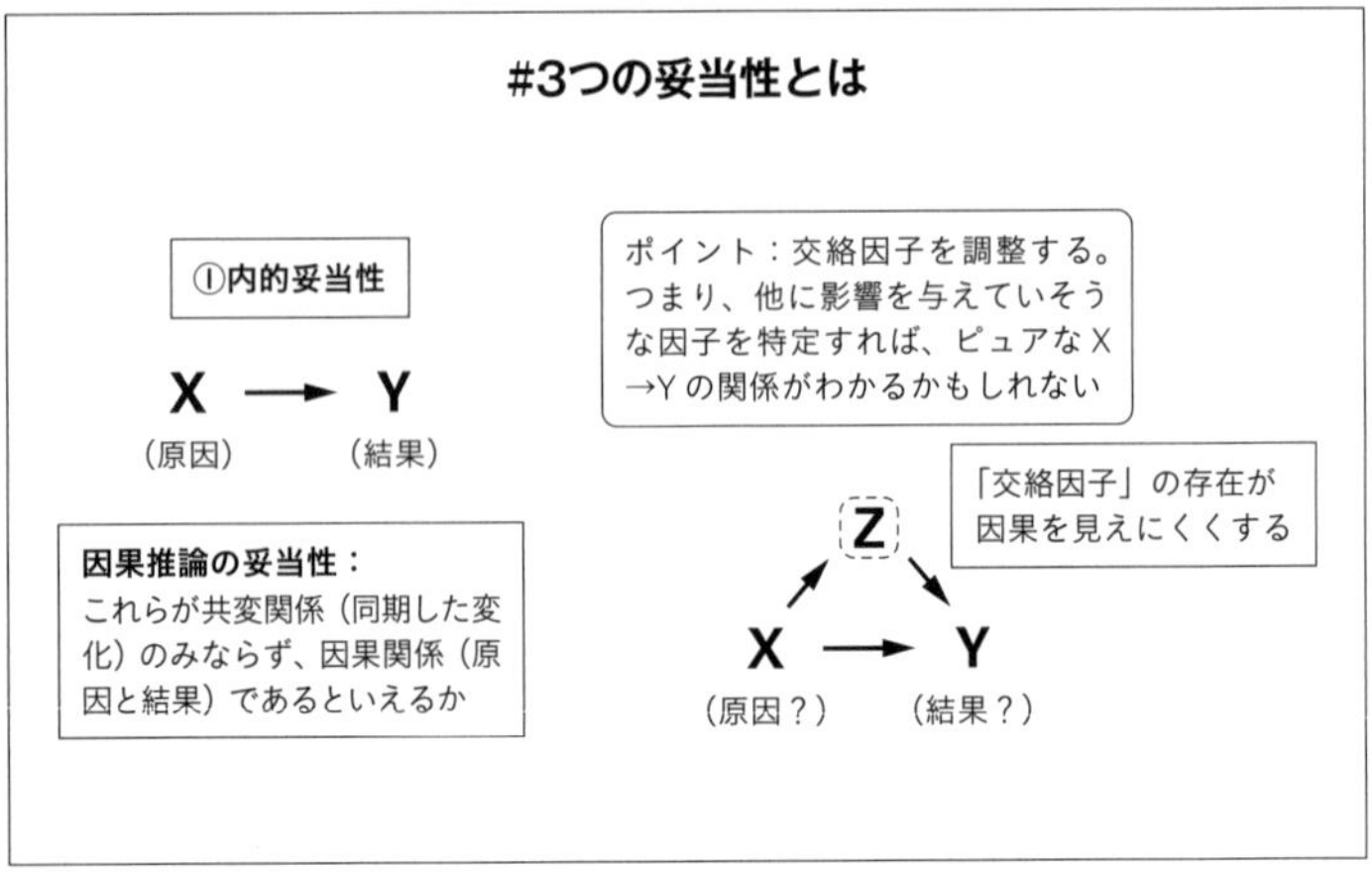

原因と結果の結びつきは妥当か

「交絡因子」である。つまり、原因と結果の両方と共変関係がある因子のことであり、先述の例では「砂糖」が当てはまる。この交絡因子が存在することで、XとYの因果関係は見えづらくなってしまう。

第2章の成果主義をめぐる研究でも、「仕事の自律性が高い」ほど「動機づけが高い」という発見があったそうだ。じゃあ自律性を高めればモチベーションが上がるのかというと、そうではなかった。「管理職」という交絡因子があったのだ。つまり管理職なので裁量が大きいし、管理職なので動機づけが高い。第3の因子が存在しているから、共変関係が生じてしまうのだ。

外的妥当性（external validity）は「一般化

可能性」と結びつく。あるサンプル、たとえば日本企業を対象とした研究の結果が、アメリカ企業をサンプルにしても同様に得られるのかという問題である。実は経営学は、外的妥当性を確保するのが一般的にかなり難しいとされている。サンプルを変えると違う結果になることが、容易に予想されるケースも多い。ゆえに過度に求めるべきでないという見解もある。

ただ、外的妥当性はあまり気にしなくていい、と言いづらい背景もある。本章の後半での「実装」に深く関わるからだ。アメリカの自動車工場では明確な因果関係が認められた知見でも、日本のオフィスワークでは違う、つまり外的妥当性が低いとなったら、その知見は「限定的な状況でしか成立しない」知見なので、応用可能性が低くなってしまう。

実際、外的妥当性をどこまで求める意味があるかは、分野差が大きいといえよう。製薬の世界で、30代男性「のみ」をサンプルにして得られた結果が、他のサンプルでは薬効が確認できなかったり意図しない作用をもたらすようであれば、薬としては使いづらい。

経営学の範疇においても分野差がある。日本「のみ」について明らかにしたい研究であれば、そもそも外的妥当性をあまり気にしないかもしれない。第3章の組織の〈重さ〉研究は、日本企業の傾向を読み解く狙いがあった。それがアメリカや中国で同様に成り立つ

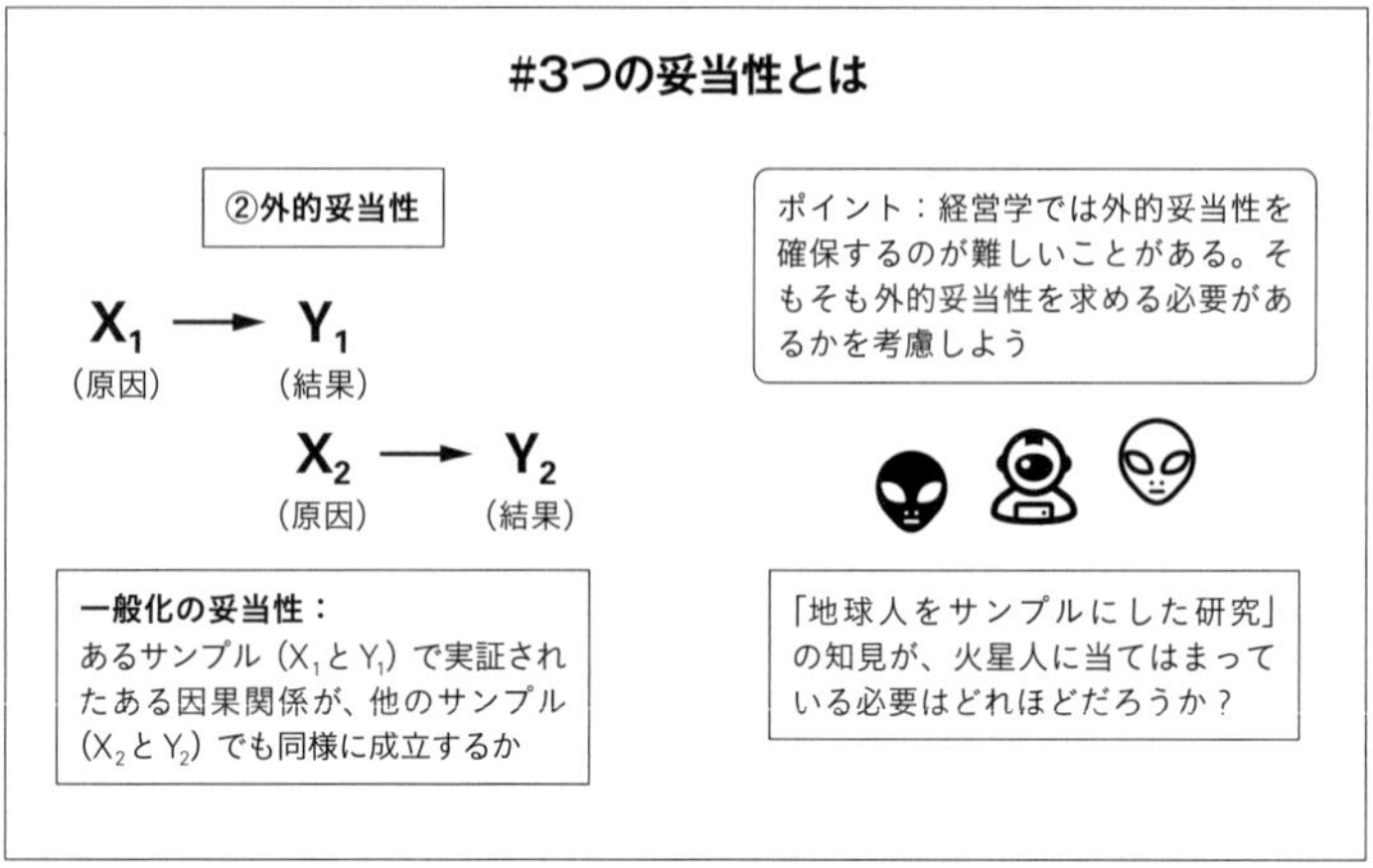
#3つの妥当性とは
②外的妥当性
X_1 → Y_1
（原因）（結果）
X_2 → Y_2
（原因）（結果）
一般化の妥当性：
あるサンプル（X_1とY_1）で実証されたある因果関係が、他のサンプル（X_2とY_2）でも同様に成立するか
ポイント：経営学では外的妥当性を確保するのが難しいことがある。そもそも外的妥当性を求める必要があるかを考慮しよう
「地球人をサンプルにした研究」の知見が、火星人に当てはまっている必要はどれほどだろうか？
他の対象でも同様に妥当か

かどうかはもちろん調べてもいいけど、それ自体にあまり興味がないというのが正直なところだろう。

外的妥当性は特に経営学においては、それ自体の高い低いのみならず、そもそもどこまで要求されるべきか、特にその「外」が何を指しているのかを考える必要がある。

最後に構成概念妥当性（construct validity）は、測りたいものを何で測るか、その「適合度」に関する妥当性である。「モチベーション」を測りたいとして、モチベーションは目に見えるモノではない。だから、代わりに質問項目を設けて、それで測ろうとする。心理学用語では尺度と言ったりする。

実は、モチベーションは4類型に分けられ

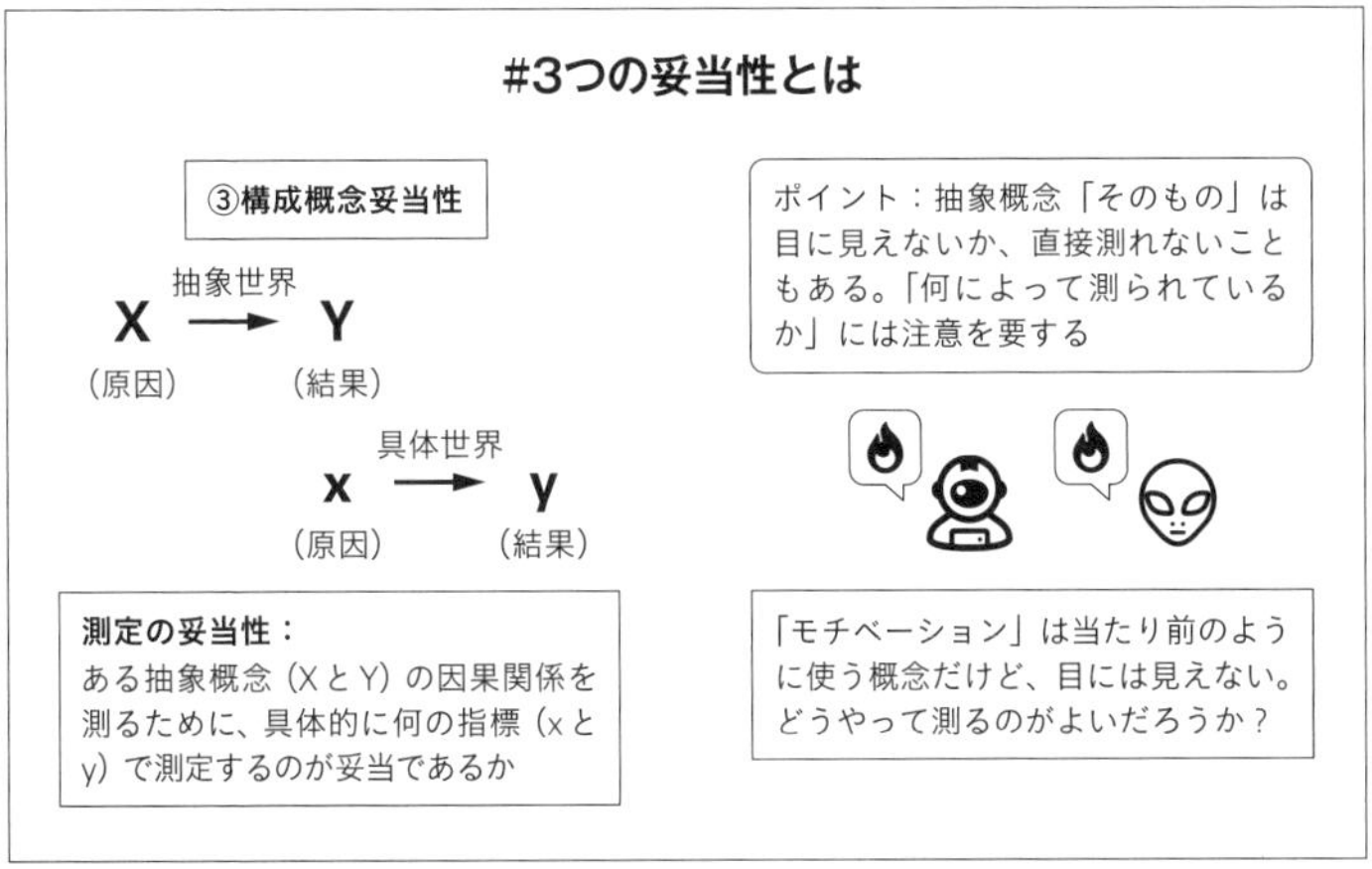
#3つの妥当性とは
③構成概念妥当性
抽象世界
X → Y
（原因）（結果）
具体世界
x → y
（原因）（結果）
測定の妥当性：
ある抽象概念（XとY）の因果関係を測るために、具体的に何の指標（xとy）で測定するのが妥当であるか
ポイント：抽象概念「そのもの」は目に見えないか、直接測れないこともある。「何によって測られているか」には注意を要する
「モチベーション」は当たり前のように使う概念だけど、目には見えない。どうやって測るのがよいだろうか？
抽象と具体の関係は妥当か

ることがわかっている。たとえば他者と競うことで動機づけされる「競争志向的モチベーション」の尺度は、「同僚よりも優れた成果（業績、評価）を挙げることは、今の私にとって大きな喜びである」「私は、同僚よりも優れた成果（業績、評価）を得るまで、決して諦めずに職務に取り組み続けている」「私は、同僚に負けないために、一所懸命仕事をしている」といった尺度で測定される。

　対して、他者と協力することによる動機づけである「協力志向的モチベーション」は、「私は、継続して皆と仲良くしようとしている」「私は、職場の同僚と良い関係を築くための取り組みを継続的に行っている」「私は、同僚や上司と協力的に関わることができるよう、非常に気を配っている」といった項目で測定する。ひとくちに同じモチベーションと言っても、意味内容によって「測り方」がかなり異なってくるのである。

改めて、科学として「正しい」とか言ったとき、専門家はこのようなことを気にしているのである。個別の概念への理解を深め、実際に正しさを確かめることは容易ではない。ただ、「正しさ」をみる日常の目を、精緻にできそうな着眼点ではあるといえよう。

もしかしたら、「妙に小難しいわりに、たいしたことを言ってない」って感じた人がいるかもしれない。気持ちはわかる。特に「妥当性」という言葉は、科学の限界と奥ゆかしさを表現している。これだけ細かいことを気にしても、あくまで「妥当」、まあいいでしょう程度の正しさなのだ。自分たちが見ているものが「完璧」とか「真理」とか、そういうものには程遠いかもしれないという自覚があってこその「科学」なのである。

厳密性の意味

あとは、厳密性（rigor）という概念もよく用いられる。「科学的に厳密だ」と専門家もよく使うのだけど、実はかっちり定義された言葉とも限らない。どちらかというと信頼性や妥当性を包含した総合指標である。研究手続きが明示化されているかとか、記録をきちんと残しているかといったことも意味するし、信頼性や妥当性をどの程度強く求めるかという意味も含む。

本書で「厳密な研究」と言ったとき、それは既に挙げた観点を「どれだけちゃんとやってるか」を意味する。そして厳密であるかどうかは常に程度でしか語れない。つまり厳密な研究とそうでない研究に分かれるというよりも、厳密さがどの程度あって、どちらかといえば厳密としか言えないグラデーションであることに注意せねばならない。

つまるところ科学とは、「ここまでは言える」を謙虚に求める姿勢を重視する、「正しさの求道」の技法だといえる。

ところで、後述する「エビデンス」はバズワードにすらなりつつある概念であり、そして「厳密性」と似通った性質がある。エビデンスという単語には、どうやら統一的な定義がないのである。われわれが何の疑念もなく信頼する「厳密性」や「エビデンス」には、実はそもそも「明確な一つの定義」がないというのは、なんとも困ったところである。

Coffee Break

ホーソン実験はいかに厳密ではなかったか

話は遡って、改めて、ホーソン実験のおさらいをしよう。ホーソン実験はいかに科学的に間違っていたのだろうか。

たとえば「実験のサンプルが少なく、偏っている。特に性別に偏りがある」「サンプリングが偏っている。未婚女性に限定している」あたりは、省略した統計的妥当性に深く関わっている。ただ、サンプルに大きな偏りがあるという意味では、外的妥当性も考慮する必要があるだろう。未婚女性だけを対象にした実験の知見に、いかなる「一般性」があるのか、という疑問が浮上するからだ。

「実験対象を意図的に交代している」は、倫理に関わる問題だ。望ましい結果を得られる対象を恣意的に選んでいると考えられる。

実験群と統制群は、やや細かい実験手続きに関する。要は比較するグループ同士が違いすぎたらおかしいでしょう、という直感的にもわかる話ではある。

また、「実験を記録していない」ことは、倫理的にダメだというのに加えて、再現性の確保が不可能であることも意味する。他者が追試をして同様に再現できるためには、実験を記録しておくことが重要だからだ。時代背景を考慮しても、ホーソン実験の知見は信頼性に欠け、妥当性もなかったことは事実である。

5．科学的管理の現在地
——エビデンスベースド・マネジメント

科学知を活用する

さて、さんざんテイラーとメイヨーの悪口を言った。ただ彼らの時代はまだ黎明期で、それゆえの過ちだとも言えよう。現代基準の「科学的管理」は、もっと進化しているはずだ。その現代の科学的管理とよぶべきものが、エビデンスベースド・マネジメント（Evidence Based Management, EBM）である。ちなみに後述の医療も略称がEBMなので、ややこしい。

その源流は、Evidence Based Medicine（根拠に基づいた医療）にあり、いわゆる民間療法などを念頭に置いて、医療に根拠を求める動きから始まったとみられる。コロナ禍初期においても「ウイルスは20数℃のお湯で死滅する」という無根拠かつ誤った言説がSNSを中心に拡散されたことがあった。ときに命を左右する医療においては特に、根拠を、なかでも科学的根拠を求めようというのは自然な発想であろう。

さらにエビデンスベースドという言葉を有名にしたのがEBPM（Evidence Based Policy Making）、つまり「根拠に基づいた政策決定」だ。アメリカで、エビデンス論争が最も活発になった業界の一つが教育界である。2001年のNCLB（No Child Left Behind）法以降、公的文書に「科学的根拠のある研究」というフレーズが出現する。

NCLBはつまり「誰一人取り残さない」という標語である。アメリカでは今なお大きな教育格差が存在し、特に貧困などリソースに乏しい家庭の子どもをいかに教育するかは重大な社会課題である。そこで科学の力を借りて、根拠に基づいた政策を展開しようという流れが生まれる。

NCLB法は「信頼的（reliable）で妥当な（valid）知識を維持するために、厳密（rigor）で、システム的で、客観的な手続きの活用を含む研究」を掲げる。この「信頼性」「妥当性」「厳密性」は既に紹介したように、いずれも科学の「チェックポイント」である。

Coffee Break

客観的であるとは何か

ＮＣＬＢ法にも出てきた「客観性」もまた、現代で強大な力をもつ概念である。客観的であれば正しいし、主観は正しくないと、皆が思っている。かつ、「科学」と異なるのは、「客観」は誰しも説明できる簡単な概念であろう点である。「客観的にやりましょうよ。客観的って何かって？　客観は客観でしょ」

客観性は、第3章の形式合理性と同様に「数値」といった言葉と結びつき、「公平」であるというイメージを喚起する。なので、数値を用いた定量研究などは、特に客観的とされやすい。ところで、次の言いぐさをどう思うだろうか。「客観的にみて美しい」。美しく思うというのはかなり主観な気がするけど、それが客観的だとしたら、つまり客観とは「共同主観」なのではないだろうか。もしこのフレーズに違和感をもたなかったとして、では客観とは何だろうか。何をすれば、「主観ではなく客観」なのだろうか。

さらに、学者が「客観的な研究」を求められるとして、それは学者がどうすることを指すのだろうか。自分の中にある「眼」は捨てて、他人のような感覚でものをみる？ それはいいとして、そんなんでイイモノが生まれる気がしないような気もする。これは筆者の主観である。客観もどうやら、絶対的ではない。なので自らの立場を「メタ的」に分析し、表明したうえで分析しようとする「再帰性（reflexivity）」を重視する動きも、現代では見受けられる。そんな「再帰的研究」を謳った論文には、次のような一節がある（筆者和訳）。

「経営学研究における具体的な実証結果は、直接的な実務適合性をほとんど持たない。データは、実務家と話す学者の修辞学的武器のほんの一部であることが多い。実証結果は往々にして文脈に依存し、具体的な意思決定状況に直接適用するのは非常に危険である」

「もう一つの事実」

こんなに「科学」や「エビデンス」が取り沙汰される背景には、「ポストトゥルース」とよばれる時代の流れがある。その象徴としての「もう一つの事実」という出来事を紹介したい。

2017年、ドナルド・トランプ氏が大統領に就任する。アメリカでは就任式を一般公

この画像が示す「事実」とは
写真：ロイター/アフロ

開し、観客が押し寄せるのが通例だ。ところが、この観客数が非常に少なかったとメディアで報道されてしまう。それに対してホワイトハウスの報道官は「観客は過去最大だった」と応酬したのだ。

これに対して重大な「証拠」が突き付けられる。大手メディアのロイターが、2009年のオバマ大統領就任式と比較する空撮写真を掲載したのだ。左がトランプ、右がオバマのときの画像。一目でみて、トランプが過去最大でないことがわかるだろう。元々一部メディアと軋轢があったトランプ政権への、格好のバッシング材料である。

テレビの討論番組でも、この「ウソ」について質問が飛ぶ。それに対して大統領補佐官はこう答えたのだ。「報道官は、もう一つの事実（alternative facts）を示したのです」。今や世の中は、大国の大統領すら平気でウソをつく時代。客観的事実が個人の感情や意見で上書きされてしまう「ポストトゥルース（真実の終焉）」の時代だ、というわけである。

事実の事実性

トランプ政権の横暴さに呆れる人もいるだろう。ただ立ち止まって考えてみてほしいのは、マスコミ側が正しいと言える根拠はどこにあるのか、という問題だ。

メディアは、比較画像を以てトランプをウソだと認定した。しかし、観客数の比較をしたいなら「同じ時点」での撮影である必要があるだろう。つまり、トランプのときの写真はみんなが帰りかけた頃で、オバマは最高潮のときの写真だとしたら、それは恣意的な比較となる。そうでない証拠はどこにあるのか。

別に、トランプが正しいとか正しくないとか、結論を誘導したいわけでは毛頭ない。このケースは状況証拠の限り、ウソをついているのは残念ながら政権側である。ただ、精神論を語る輩やウソツキに対して「客観的事実」「エビデンス」を突きつけるのだと息巻いても、それはそんなに簡単ではないかもしれない。特にメディアは見せることに非常に長けていて、われわれはメディアを通じてしか事実を見られないことも多いのだから。

ＥＢＰＭの具体例：データドリブン行政

さて、ＥＢＰＭの具体的なイメージを掴むために例を出そう。三重県は「デジタル社会推進局」を設け、データドリブン行政を推進すると発表している。たとえば２０２３年に選ばれたプロジェクトに「潜在的な移住ニーズの把握に向けた観光データなどの活用」があり、人口減少社会における移住者の増加は県の重要な目標となる。

三重県では既に、観光で訪れた方が一定数移住に至るという事例が報告されているそうだ。そこで、観光から移住に至る因果関係を特定し、「効く因子」を見つけ出して、そこに投資しよう、といった思惑があると推察できる。

たとえば「県ウェブサイトの閲覧が多いほど（原因）、移住の意欲が高まる（結果）」という証拠が得られたならば、ウェブサイトの閲覧数を増やすような施策が有効だろうし、「地域住民との交流が増加すれば（原因）、移住の意欲が高まる（結果）」ならば、地域住民との接点を増やすようにすればよい。これらは行政の取り組みであるが、顧客の反応を得るという意味では経営学にも関係しそうなテーマである。

かつ、これを「データに基づいて」実施するのがポイントである。今までも移住者を増やす努力はなされてはきたのだろう。ただありがちなのが、ベテラン担当者が「経験上、

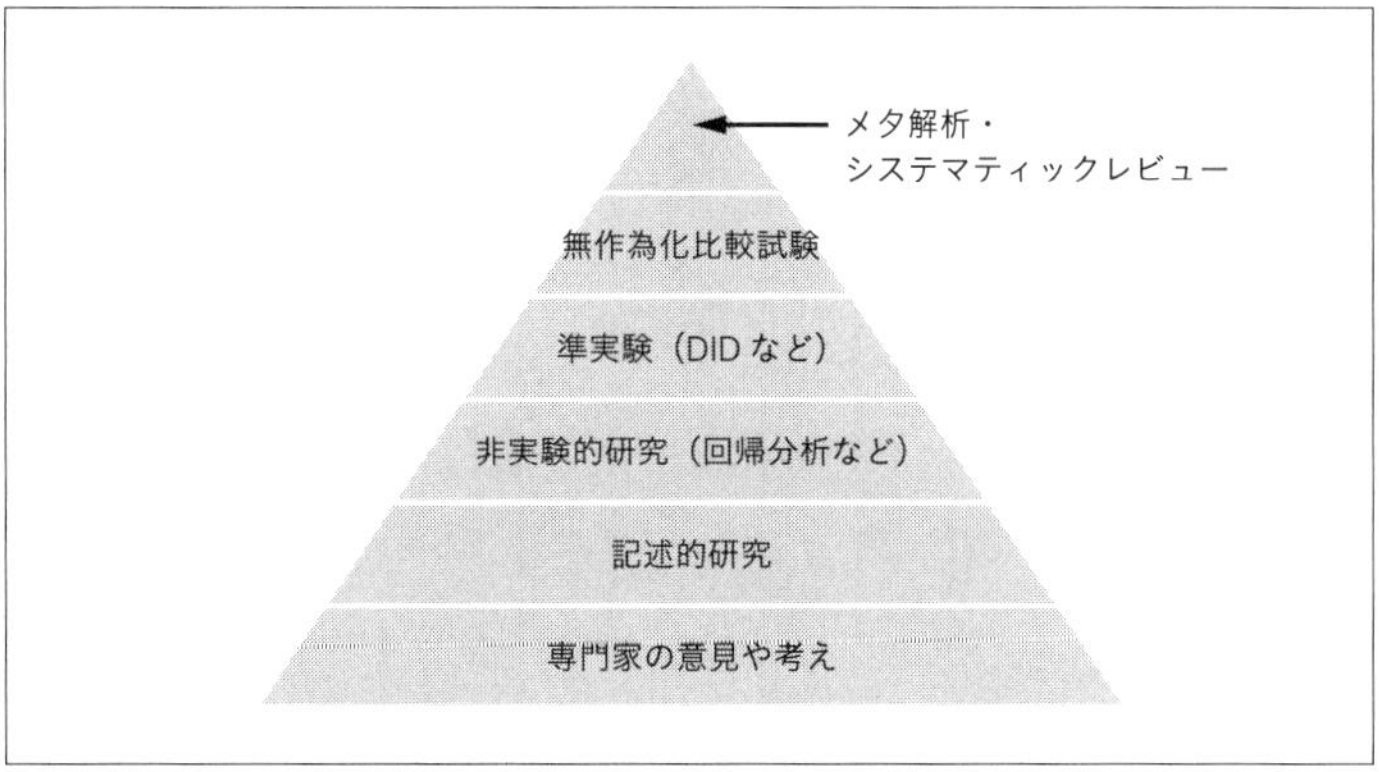

エビデンスピラミッドの一例
出典：「経済セミナー」2024年8・9月号、p.47。

住民との交流が大事なのよ」と言って、住民交流を増やそうとする。でもそれは20年前のことで、今の若い世代はあまり興味を持たない、とか。たった一人、印象的な移住者のイメージに囚われて、特例を追いかけてしまうとか。

そういった「誤り」を避けるために、データを用いて実験して、信頼できて妥当で厳密な「科学的な知見」に基づこう、というのがＥＢＰＭなのである。

エビデンスピラミッド

ちなみに、エビデンスには「序列」があるとされ、それを可視化したものが「エビデンスピラミッド」である。医学・疫学研究が発祥とみられ、いくつかバリエーションがある中で「試験管の研究」など、経営学には縁の遠い分類も含まれることがある。このピラミッドの縦軸は、主に「厳密性」で決まっているとみられる。上にいくほど厳密であるというわけだ。ここでは、「無作為化比較試験（RCT）」と「専門家の意見や考え」とを比較したい。

なお、画像の出典元の論考を寄稿した林岳彦らは、はっきりと「エビデンスピラミッドのように、研究設計の優劣がエビデンスの確実性と直結するかのような書きぶり」に疑義を呈している。

強い武器、RCT

RCTとは簡単に言うと「ランダムなサンプリングによって抽出した二つ（複数）のグループを作って、比較する」という実験である。もちろんもっと厳密な説明は必要であろうものの、骨子はそこだけである。科学的に強力とされる手法は、考え方自体はシンプルである。

もう少し細かく説明しよう。「実験群」と「統制群」を設け、それぞれ被験者をランダムに割り当てる。それぞれの条件を揃えたうえで、「これを見たい」という指標だけ変えておくのだ。実はこれ、小学校で習うだろう「対照実験」の考え方とほぼ同一である。「給料の多寡」と「動機づけ」の因果関係を究明したいのならば、「給料」以外はすべて条件を揃えた二つのグループを用意し、比較して実験を行うのである。

RCTはかなり厳密な知見、特に因果推論を可能とする手段として、科学界でも高い信頼を得ている。NCLB法にしても、当初はRCTを実施したうえでの政策決定を目指していたそうだ。経済学でも大規模なRCTを伴った論文が多数発表されている。

RCTの両面性

RCTは繰り返すように、現代水準の科学でもかなりの信頼を得ている。特筆すべきは、内的妥当性に強い点だ。つまり、二つの要素の因果関係がかなりの確度で実証できる。「科学とは因果関係を究明する営み」だと仮定し「因果関係を実証することこそ至上命題」とするなら、RCTが最強の武器になるのは自然である。経済学では黄金律とも言われているそうだ。

ただRCTにも当然弱点はある。RCTは通常、外的妥当性が担保できないのである。たとえば三重県でRCTを実施し、高い内的妥当性を伴った結果が得られたとしよう。これは観測された中での因果関係に関しては強固であり、まったくもって科学的である。

そして三重県の「成功」に興味をもった他府県が、同様に知見を適用しようとしたら、どうなるだろうか。三重県の結果が、東京都や北海道に同様に当てはまるかと言われたら、「そうとは言えない」が自然な感想だろう。東京や北海道でRCTをしたところ、まったく違う結果になるかもしれない。そして違う結果が出たとて、「三重県における」科学的な厳密性に変わりはないのである。

RCTには高い評価があり、それは科学的に裏付けられていると同時に、「万能」ではないということにも注意が必要である。ゆえにピラミッドの頂点に位置する「メタ解析」のように、複数のRCTを横断した知見が必要とされることもある。

上司がジョークを言う効果

科学だのエビデンスだのについて、つらつら述べてきた。本章の主題である「科学知を経営に活用する」うえで、ケーススタディをしてみたい。題材は、*Academy of Management Journal*、邦訳するなら「米国経営学会誌」に掲載された、まごうことなき世界標準の科学知である。

タイトルは「対人関係の資源としてのリーダー・ユーモア（Leader humor as an

interpersonal resource)」」。つまり「リーダーのユーモア」に注目した研究だ。リーダーは上司とは限らないし、ユーモアとジョークもまた微妙に異なるのだけど、意訳すれば「上司のジョーク」だろう。

リーダー・ユーモアの研究は世界でもわりと蓄積されていて、様々なエビデンスが生成されている。論文ではグーグルや（旧）ツイッターの例なども紹介されており、それらの会社がいかに笑いに満ちているかが強調されている。

この論文で実証したい因果関係は、リーダーのユーモア（原因）がリーダーを起点としたポジティブな感情を喚起し（結果）、それが原因となってさらに組織市民行動（結果）を生み出すというモデルである。組織市民行動とは、すり合わせ文化のような、直接的に報酬にならないものの誰かを助けるような行動という意味である。

この研究結果は米国経営学会のウェブサイトでも紹介されており、より一般向けにかみ砕いて書かれている。以下に要約しよう（和訳・改行は筆者）。

リーダーが部下とユーモアを交えて接することで、従業員は「恩返し」をしようとする。たとえば、あなたは朝、交通渋滞に捕まって会議に遅刻してしまった。疲れ果てて

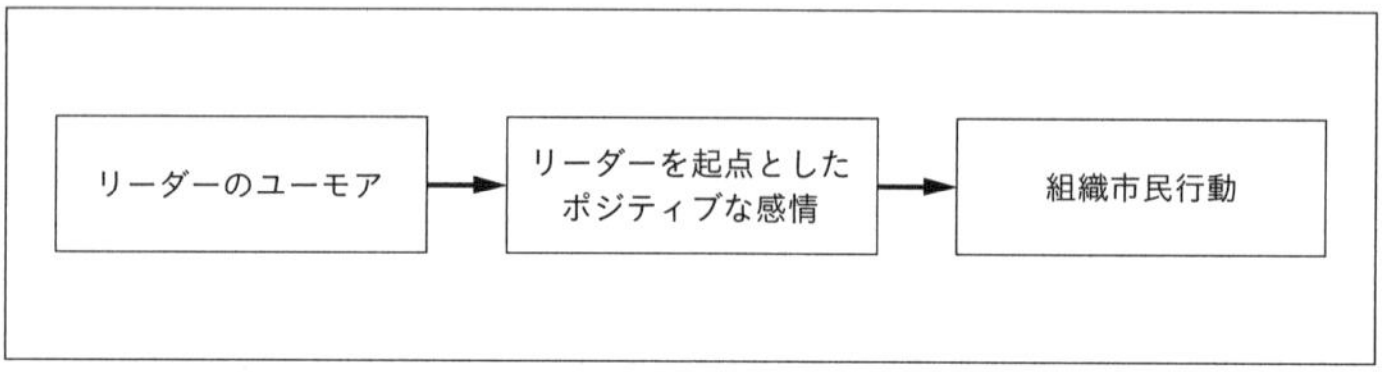

出典：論文 p.771 の図を、筆者が和訳し簡略化

いるあなたに、上司は「グッド・モーニングだったかい？」とおどけてジョークを言って、気分を好転させてしまうのだ。

そうやってポジティブな感情を喚起することが積み重なると、部下は上司に信頼を抱くようになり、「生活のために働いてあげている」という気持ちから、他人のために何かしてあげたいという気持ちへと変化が生まれる。

このとき、リーダーは無から報酬を生み出したようなものだ。ユーモアは無形の報酬なのである。リーダーはときに経済的に部下に報いることが難しいので、コストのかからない方法としてユーモアはうってつけである。

ただし！　相手が上司だと、気を遣って笑ってしまうことがあるのには注意が必要である。

では、上司はジョークを言うべきなのか

このように研究では、ユーモアが部下との関係を良好にし、見返りを求めない行動（組織市民行動）を誘発することが示された。これは経済的コストがかからないうえに部下をポジティブに変え得る有力な手段なのだ。またこれらは、科学的に妥当な手続きを経て発表された論文である。

この結果を、アメリカの経営学会とか科学とか忘れて、素朴に、素人のように受け取ってみよう。「上司がユーモアを言うことは部下にポジティブな感情を引き起こす」だろうか。ＳＮＳとか見てたら、「渋滞に巻き込まれたうえに上司にダルい絡み方された。マジブラック」みたいな書き込みがされそうだが…。いや、ＳＮＳなんて非科学で根拠もないし、妥当でもないし信頼できない。

一番ありそうな意見は「そんなのケースバイケースじゃないですか」だ。外的妥当性の問題だともいえる。他に何らかの条件が作用していると考える、条件思考も応用できるだろう。嫌いな上司にいくらジョークを言われてもムカつくだろうし、好きな上司だったらサムいジョークでも受容するかもしれない。

実際に、後続になる研究が２０２４年に発表されている。既存の研究でも言及された

「部下が表層的に演技する」という観点からの研究だ。研究からは、冗談を言い過ぎると部下は表層演技を増やし、それゆえに感情的なリソースを使ってしまい、疲労や燃え尽き症候群を誘発してしまう、という結果が得られた。

つまり他の研究を組み合わせると、「ユーモアは部下をポジティブにするよ。でも、作り笑いに気をつけて、あとジョークの頻度はほどほどに」という感じの知見である。

うん、なるほど、だから？　とか思っちゃうだろうか。こうした発見は正直、身近な問題であるだけに直感的に理解が容易であることもあって、まったく頭にもなかった新しい仮説というわけではないだろう。科学論文である限り、科学的手続きを経て「厳密に実証された」ことが重要なのであり、知見として目新しい必要はないのかもしれない。

しかし一般的に科学は「驚くべき絶対的な知見」を提供すると思われがちである。そうした期待をもってしまうと、経営科学には物足りなさを感じるかもしれない。

これらの科学研究を否定も、貶めもする気は一切ない。科学的に間違っているわけでもない。ただこれらの知見を実際に活かそうとするときに起きる、科学研究の、科学だからこそ起きる弱点については強調しておきたい。主に二点ある。

厳密な知は効果が小さい

まず、科学知は「効果」が小さい可能性が高いということだ。どういうことか。

既に述べた通り、特に現代水準の科学は、厳密であることを厳密に求める。妥当性と信頼性が担保されるよう丁寧に検証がなされる。その潔癖度はますます向上しているともいえるし、それは学術界として望ましいことである。ただ、ゆえに、見出された知見はより厳密ではあるものの、その「効果量」が小さいということが起きがちである。

ざっくりした適当な数字で例えるなら、「ジョークを言えば部下のポジティブ感情が2倍!」ということは厳密に実証できなくとも、「ここまでは確実に効果がある」という水準で厳密さを求めた結果、「0・1%は向上する」までならば「厳密に言える」ということが起きる。そんなに大きな効果がいきなり厳密に得られるということは珍しく、厳密にこうだと言える効果はだいたい小さいのだ。

こんな会話が想像できる。ある経営者が、大学の先生に研究を委託する。うちの商品がもっと売れる方法を科学的に解明してくれ、と。先生はきちんと科学に則って検証し、論文も発表し、数年経って、先生はプレゼンをする。

「調査の結果、パッケージを赤系の色にすると、1%売上げが向上することが判明しました。科学的に厳密な知見です」

「1%?」

「はい」

「2倍とかじゃなくて?」

これはさすがに極端な例ではあるものの、「科学の知を使えば劇的に何か変わる」みたいな期待をもっているとしたら、正直それは期待外れに終わる可能性が高い。期待できる効果は、科学的に厳密であるほど小さくなりがちだからだ。

なお、ある研究者曰く「別に効果量は1%でもいいと思います。それを日々繰り返して、累積することの効果はより大きいですから」。至言であろう。時間による累積効果はときに大きなものになる。「厳密だが小さな効果を、長期間で累積させていく」というのが、科学的で実用的な考え方だといえよう。

ただ、そういう地味な積み重ねの効果が過小評価されるのも世の常で、また通常は効果が出るのに時間もかかるので、科学に期待しすぎる人にとって、効果量の小ささはなかなか受容が難しいかもしれない。

効果は現象をもたらさない

次に特筆すべきは、科学知は「純粋な効果」を見出すことを目的としているので、「実際にそれが起きるか」の話をしていないという点だ。いったいどういうことなのか。

先に比喩で表現しよう。「木の葉には常に垂直下向きの重力が作用している。しかし、木の葉は真下に落ちるわけではない」。読んで字のごとく、木の葉みたいな薄くて軽いものにも、(地球上では)重力が働いている。

重力というのは「垂直下向き」に働くので、たとえば鉄球ならだいたい真下に落ちる。しかし木の葉は、結果的には真下に落ちない。だいたいはひらひらしながら宙を舞って、落ちていく。そして宙を舞って落ちてこない木の葉を見たとき、鋭い素人は思うかもしれない。

「あれ、木の葉には重力下向きの力が働かないのかな」

もちろんこれは誤認だ。実際には重力は働くけど、軽くて重力が小さいうえに、空気抵抗などが同時に起きるので重力は相殺される。ある不変の法則が万物に適用できることと、現象としてそれが起きることとは、別物なのである。

タバコを吸ったら早死にする？

もう少しわかりやすい、かつ賛否が出そうな例を出そう。喫煙である。

喫煙が様々な健康被害をもたらすことは、数多の研究が実証している。あまりに明白であるため、パッケージに「あなたの健康を損なう恐れがあります」と書かせるくらいには。そのうえで、定期的に論争を引き起こす問いが「タバコを吸ったら早死にするのか」だ。

卑近な話であるが、ある知人が88歳で亡くなった。喫煙者だった影響だろうか、血管がけっこうボロボロだったらしい。だから喫煙ってやっぱ身体に悪いんだよねえ、と話してるのを聞いて、思った。「とはいえ、80代後半までは生きたんだよなあ」。

これを「科学的」に考えるなら、もし喫煙をしていなかったら100歳生きられたのに、喫煙習慣が原因となって寿命が縮まって88歳で死んだということがわかれば、喫煙が寿命を縮めることの因果関係は実証される。ただそれは完全に反現実の仮想なので、同じ個体において実証不可能である。

タバコ論争をめぐっては、「タバコを吸っても100歳まで生きた人がいる」「タバコを吸わなくても夭逝する人がいる」という反例がよく提示される。こうした主張は「科学的思考」ではないけれど、そう思うのも仕方ない。効果は現象をもたらすとは限らないからだ。あるいは結果的に寿命を縮めたとしてもそれが「見える」とは限らない。

著名人だと養老孟司氏はかなり昔から喫煙支持派で、インタビューでこう言っている。

「タバコは60年以上も前から『健康に悪い』『お前もやめろ』と言われ続けているのです。にもかかわらず、多くの人が吸い続けているのは、タバコに何らかのメリットがあるからでしょう」

喫煙にも両面性があって、デメリットもあればメリットもある。たとえば「気分がすっきりする」みたいな話で、これは脳を整理してくれるという意味では睡眠みたいな効果があるのかもしれない、と養老氏は語る。もしその結果として寿命を延ばす効果が縮める効果よりも大きいのだとしたら、その人個人においては「喫煙は寿命を高める」という効果が認められることになる。その人個人においては。

この議論は、「寿命を縮める効果」と「実際の結果としての寿命」を混同あるいは誤認することで複雑化している。ただ、それを分けるのは難しい。ほとんどの人は科学的に真理を知りたいのではなく楽しく長生きしたいだけなのだ。だから、必然的に錯認する。

Coffee Break

エビデンス・ウォッシュ

もはや、科学が役に立つのか、よくわからなくなってきた。「科学論文で実証されている」なら信じさせてくれよと思う気持ちもあるけど、なかなか現実がそれを許してくれない。さらに悲しい事実を述べるなら、ＥＢＰＭならぬ、Policy Based Evidence Making なるもの、「政策のためにエビデンスを作る」ということが起きている。こうした「ごまかし」は、塗りつぶして隠すという意味で〇〇ウォッシュとよばれる。

イギリスの大手新聞「ザ・ガーディアン」が告発した記事はショッキングである。たばこメーカー大手のフィリップ・モリスが、電子タバコーＱＯＳの販促をすべく、大学研究者に資金提供して「有利なエビデンス」を発表するよう働きかけていたというのである。

２０２４年にセンセーショナルなニュースになった「紅麹問題」においても、似たようなことが指摘された。「機能性表示食品」は実は国の審査が必要なく、企業側が「自己責任」でエビデンスを示して届け出れば、販売できる制度下にある。この結果、何が起きたか。

京都大の研究グループが機能性表示食品の根拠とされた論文32本を調べたところ、「7割が有利な結果ばかりを強調している」と指摘されたのだ。

科学的に効果があると謳っても、効果量は微量かもしれないし、現実にそうなるとは限らない。そして何より、それが厳密な知なのかどうかは、素人にはほとんど判別不可能である。「論文でも書いて数値を示せ」なんて言ったところで、一見して明確で賢そうな基準の「浅さ」を、ズルい人々は簡単に見抜いて利用してくるのである。

特効薬なんてない

科学的に実証された知であっても、現実がそのように動くとは限らない。法則は結果を導かない。これは科学知を実装するにおいて決定的な問題である。

「上司のジョークは部下のポジティブな感情を喚起する効果があります。これは科学的に妥当な知見です。ただ実際に上司がジョークを言って部下がポジティブな感情を抱くとは限りません」。パッと見は意味がわからないかもしれないけど、そういうことなのだ。この文章の意味がわからないならば、科学を理解することは不可能であろう。

虫のいいこと考えちゃいけない。シルバーバレット（不死身の狼男を倒せる銀の弾丸）、特効薬はないと思うべきなのだ。とはいえ、科学知が役に立たない、と断言するのもまた厳密でないし、早計であろう。ここに挙げたようなことを理解した上であれば、使いようはいくらでもあるはずだ。特に経営学に限って言うなら、何ができるか・何が言えるのか、最後に改めて考えてみよう。

6. 改めて、経営科学にできること

だからこそ、専門家の知見を使え

環境リスク学を専門とする林岳彦は、「専門知」の使い方について精緻に整理している。林はまず、エビデンスピラミッドに警鐘を鳴らす。そういった安直な序列づけは、実装の「成功」からますます遠ざかる危険があるのだと。実際のところエビデンスピラミッドはまだ独り歩きしており、たとえばRCTを用いた論文を無条件に「優れた知」とみなすことがある。

エビデンスデータベースとよばれる論文データを集めたデータベース上では、RCTであることを理由に信頼度のところに「☆5」がついたりする。厳密で信頼できる知だと。ただ林曰く、エビデンスピラミッド依存は、「それ以外の側面を軽視する半可通的な専門家を少なからず生み出してしまう」。「RCTで☆5がついてるから大丈夫」と思う人は最悪の場合、なぜ☆5なのかまったく理解せずに妄信してしまっている。

論文の仕組みや内容を質的に把握しないまま「科学論文が必要だ」と宣い、「RCTなら信頼できる」と無条件に言ってしまうのは「半可通の専門家」なのだ。単純な誤りでいうと、RCTは内的妥当性が高い一方で外的妥当性は低い傾向があるにもかかわらず、論文で扱われたサンプル集団以外にも広く適用できるのでは？ と思ってしまいかねない。だって、☆5だからね。

林の主張で興味深いのは、エビデンスピラミッドでは下位に置かれる「専門家の意見や考え」を活かそうとする点だ。この章で述べたような複雑な構造を理解し、かつ「ドメイン知識」をもつ、つまり当該領域に詳しい専門家が俯瞰や構造化することで、知のトータル・コーディネートがなされることが期待できるし、そうした俯瞰は、専門家でないと難しい。論文は、専門家の知見のごく一部、というか構成要素でしかないのだ。

ある単一の知見は、一般法則を示しているわけではなく、現実を劇的に変える可能性は残念ながら乏しい。だからこそ、豊富な知を有し、構造が俯瞰できている専門家が事態をきっちり見極め、意見し、コミュニケーションすることで、科学知はより実用に近づくだろう。

証言は根拠ではない？

やや話は飛んでしまうが、社会学者の松村一志は興味深い事実を指摘している。舞台は裁判だ。裁判における「証拠（エビデンス）」には、法的証拠と科学的証拠がある。そして歴史の中でだんだんと、科学的証拠からは「証言」が排除されてきたというのだ。

これは繰り返すように「エビデンスピラミッド」にも見受けられる傾向であり、エビデンスピラミッドでは「専門家の意見や考え」が低く位置づけられる。「科学的な視座」からすれば、「誰かが言っている」だけのことは、話者が専門家であろうが信用ならんというわけだ。

松村が引用している物理学者・中谷宇吉郎の比喩曰く、「幽霊は科学の対象ではない。しかし、幽霊を見たと『証言』する人はたくさんいる」。そう考えると、証言が科学的根拠になり得るかはすぐわかるだろうというのだ。ちなみに証言が科学的でないとされる最大の理由は、再現性がないからである。つまり幽霊を見たという人の言を信じて再現してみようとしても、同様の状況が作り出せないのだ。

一つ、証言を軽視する怖さについても言及しておこう。証言を科学的だとみなさない態度は、科学がますます威力をもつ現代において、証言自体が信用ならないという志向に転化し得るだろう。それはつまり、あなたが経験したことを話しても他者から簡単には信頼されないということを意味する。

例を出そう。信頼している上司がいた。周りの人々にも信頼されている。その上司が、二人きりのときに自分に抱き着き、身体を触ってきた。驚き戸惑い、意を決して後日会社の人に相談してみた。すると言われるのだ。「証拠はあるの?」

たしかに経験した自分の言葉こそ証拠だ、と言いたくなるだろう。ただそれは、科学の観点からすれば証拠にはならない。エビデンスピラミッドに基づけば「低位の主観」なのである。自分の中には確固としてある事実を、他者は事実と認めてくれない。証言を認めないとはそういうことなのである。

ここでいう「エビデンス」はいざ裁判するなら、という場面での話ではあるので、日常とは乖離がある。ただ、だからこそ、「裁判の世界」と「日常の世界」を混同してはいけない。科学や裁判でどうであるかとはまったく別として、日常感覚として「証言」を大事にする姿勢は失われてはいけない。主観世界のなかの、日常のコミュニケーションにまで科学やらエビデンスを持ち込んで浸透させてしまうのは窮屈であり、危険ですらありうる。

経営は主観が意味をもつ

主題が経営から離れてしまった。ただ、話は続いている。なぜわざわざ証言だの、主観だのという話をしたのかというと、経営は確実に主観が必要な営為だからである。

起業家は誇大妄想を持つ、と評されることがある。「誰もそんなこと思っても気付いてもいないけど自分の中には確固として存在する事実」を信じて、ビジネスを成功させる起業家は珍しくはない。エビデンスとか何もないけど、他者からみればド主観の思い込みを成就させてしまうことがあるのが、経営という世界なのである。

経営学者・兒玉公一郎が示した事例は興味深い。フィルムカメラからデジタルカメラへの移行期において、「カメラのキタムラ」はいち早くデジタルへの技術移行を行った。「デジタルが来る」という確信があったらしい。ところが、あまりにキタムラが迅速かつ堂々と動くので、街の写真屋さんも「そうか、デジタルが来るんだ」と「誤認」し、ゆえにデジタル移行がスムーズに進んだというのだ。

兒玉は「予言の自己成就」と表現する。キタムラにとっては勝算があったのだろうし、それを誤りだとはいえないけど、それは「客観的事実」でも「科学的証拠」でもない。ひたすらに、主観である。ただその主観の力強さに引きずられるように、業界全体が、本当にキタムラが思ったように動いてしまったのだ。経営の世界には、主観を信じる余地が確実にある。

むろん主観が間違っていることも往々にある。しかし、客観的「のみ」に経営を行うことは難しいし、効果があるとは限らない。せっかくなら、経営者や現場の主観を排してしまうより、活かしていくという努力の方向もあるのではないだろうか。

結　箴言思考のすすめ

「科学とは何か」を考えたうえで、本章が提起するのは「箴言思考」である。箴言（警句、アフォリズム）とは、「いましめとなることば、人生の教訓の意味を含めた短い句」のことで、たとえば『ゲーテ箴言集』は、作家ゲーテの格言を集めた本である。

箴言を用いた賢人たち

実は、著作において箴言を多用するスタイルをとった学者は少なくない。哲学者のウィトゲンシュタイン（後期）やニーチェは、箴言を連ねるスタイルをとったことで知られている。たとえばウィトゲンシュタインの『論理哲学論考』は短い格言のような文を集めた著作で、まさに箴言集である。そして何を隠そう、ドラッカーの著書も基本的には箴言集のように短い文句が連なっている。

箴言の効用はいくつかある。まず、短い文で述べることで、読み手を楽にしてくれるという点である。忙しい社会人でも通勤時間に読めそうだ。読み手に解釈を求めるぶん、頭は働かせないといけないかもしれないが。

次に、読み手の解釈の幅を大きくしていることである。なぜドラッカーはここまでウケるのか。語弊を恐れずに言うなら「誤読できる」からである。ドラッカーの著作は箴言集であり、ゆえに余白が大きく、ドラッカー自身が書き記した以上に「そうそう、そうなんだよ！」とか「あ、あれのことか」と読者がインスピレーションを働かせ、豊かな解釈を展開してくれるのだ。

なんかめちゃくちゃなことを言ってないか？と感じたかもしれない。ただ、思い出してほしい。テイラーやメイヨーが示した知見は、科学的にほぼ無根拠、あるいは間違っていたにもかかわらず、多くの支持を得て、結果的に多くの成果を生んだ。

非科学を礼賛するのではない。そんなことはしてはいけない。ただ受け手の工夫しだいでは、ある知見が不正確であろうがそれを超えて、たたき台にして膨らませて、加工して、意味のあるものに変えてしまえるのである。特に経営学みたいな分野には、その余地がかなり大きいと筆者は考えている。

箴言思考の目指すところは、①科学知を蓄積する、②それを専門家が箴言集のようにま

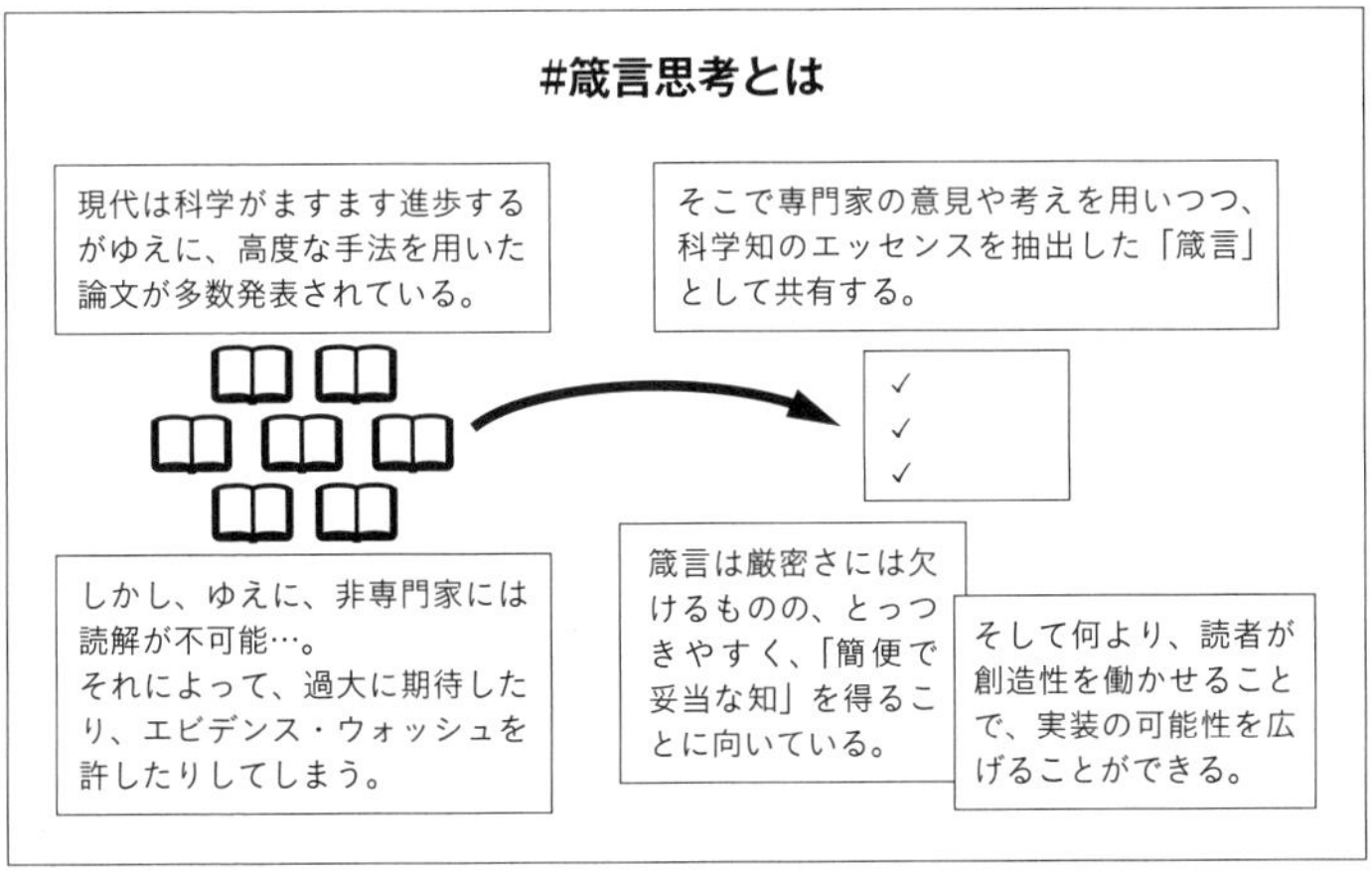

とめる、③実務家がそれらを読解して、自分の文脈にひきつけて適用する。これによって科学知を日常に活かすことができる、というプロセスを成立させることにある。

「上司のジョーク」の話を思い出そう。研究からわかったのは、「上司がジョークを言うと、部下の組織市民行動に正の影響を及ぼす。ただし頻度が多すぎると、作り笑いをするようになって疲弊する」みたいな話だった。これを「科学に裏付けられた一般法則」と捉えて実践しても、既に述べたような理由で、現実にそのようなことが起きるとは限らない。

「部長、なんで突然ジョーク言うようになったんだろう…？ 真面目な人なのに、怖いんだけど」「いや、なんか、経営科学にハマってて、ジョークが助け合い行動を促すみたいなことを聞いて実践してるらしい」。こんなことが起きていたら、それ自体がジョークである。

というか、本当に実践しようとしたときに、実行者の解釈や采配の余地がないわけがない。ジョークの質や頻度などの関連研究はありえても、「上司のジョーク必勝マニュアル」があるわけではない。そもそも、そんなのを読んで実行している人のジョークは面白くなさそうだ。

科学的に導出された一連のリーダー・ユーモア研究の知見を建設的に日常に活かすなら、「○○が△△に及ぼす正の影響が科学的に実証されている」みたいな言い方と解釈をするよりは、箴言として捉えて、「助け合う職場のために、上司はジョークを言ってみよう。ただし頻度はほどほどに」くらいの緩やかな理解のもと実行者の采配で展開させた方が、よほど「結果的に」「うまくいく」のではないか、というのが箴言思考なのである。

経営学理論との接合：ドラッカー、そしてワイク

なんか突然箴言とか言い出して、意味わからんな…と思ったかもしれない。ただ敢えて

言えば、そう感じてしまうのは、現代がより「科学化」された世界だからでもある。

ドラッカーはある時期まで学界でも存在感のある人物であったが、「科学」がより重要視され信奉されるようになった頃から関心をもたれなくなってしまった。とはいえ既に述べたように、忘れられた存在と一部がみなしているとはいえ、ドラッカーは箴言を駆使して、社会に大きな影響を与え、支持を得た人物であることは事実である。

そしてもう一人、著作において箴言の重要性を強調し続けた学者がいる。社会心理学者のカール・E・ワイクである。ワイクの主著『組織化の社会心理学』は箴言を多用して書かれており、科学史家のRavetzの言を引用しつつ、ワイクは次のように述べる。

「社会科学でのいわゆる事実は、成熟した数理的かつ実験的な科学での事実とは異なるのではないか。社会科学の産物はなべて、単純で非個人的で基本的で疑う余地のない主張というよりはむしろ、アフォリズム（警句）のようなものだろう」（p.51）

これ自体ラディカルな意見であるものの、ワイクは経営学における「事実」はみな箴言である、とまで言い切っているのである。

科学と箴言のあいだ

注意すべきは、「科学ではなく箴言だ」「科学はダメだから箴言だ」と言っているわけではない、という点である。ただ科学知は「活かす」ためには高度化され過ぎているし、厳密であればあろうとするほど、柔軟な解釈の余地を失わせてしまう。本章で目指すのは、科学と箴言の接合である。すなわち、科学に裏打ちされた知の蓄積を箴言に変換し、それを以て「ふだん使い」していこう、という志向を提案しているのだ。

専門家と読者のあいだ

そして箴言の最大の弱点は、「うまく作らないと意味がない」という点である。箴言は、科学が求める水準ほどは厳密でない。個人の「臆測」を含ませながら、解釈を施して、必要十分にまとめ上げる技量が必要だ。

だからこそ、箴言の編纂は、専門家にしかできないはずなのだ。専門家は、科学を理解し、科学知を読みこなし、俯瞰・整理する。ただそのままの形では伝達できないので、たとえば箴言集として社会に伝えようとする。読者はそこからインスピレーションを得て、実践に活かしていく。このとき、箴言が絶対であるとか、一般法則であると思う必要はないし、思うのは間違いである。

科学論文やエビデンスは、決してわれわれの成功を約束するファストパスではない。特に経営学のような領域では、そうそう簡単に「役に立つ」ことはない。だからこそ、主観に左右されるといった「欠点」を活かすべく、専門家と素人のあいだを緩やかに繋ぐような「箴言」が、効果をもつはずなのだ。

本章の箴言

- 科学に魅力を感じるからこそ、科学とは何か、理解に努めないといけない。
- 科学が望ましい結果をもたらすとは限らない。シルバーバレットなんてないのだ。
- 科学と箴言、専門家と読者のあいだを繋ぐことで、科学知は実効性をもつ。科学知を活かすべく、箴言を通じて思考せよ。

終章

科学と学者の使い方——科学でコミュニケーションする

小さなモモにできたこと、それはほかでもありません、あいての話を聞くことでした。なあんだ、そんなこと、とみなさんは言うでしょうね。話を聞くなんて、だれにだってできるじゃないかって。

でもそれはまちがいです。

ほんとうに聞くことができる人は、めったにいないものです。

——ミヒャエル・エンデ『モモ』

1. 科学知を得たあとに

本書は「経営学は役に立つか」、もとい「経営学を役立てるにはどうしたらいいのか」という問いに答えるべく、考察を重ねてきた。この問いにおいて大きな壁となるのが、専門性がますます高度化し、複雑化・狭隘化している現況である。

専門家のコミュニティ内で、専門家同士ですらわからないことはますます増えていく。その結果として「縄張り」を細かく区切り、私はここまでしかわかりません、と言明することが美学とされる。それはたしかに誠実ではあるものの、中でなされていることが外から見てますます理解不能になっていくことも想像できる。そんな状況では、コミュニケーションなど成立すべくもないし、素人が科学を役立てるのはますます困難になっていく。

そんな状況で古来より信頼されてきたモデルが、科学知を社会に実装するという役立て方である。学者は生産性の向上や動機づけに効く要因を見つけ出し、素人はその通りに実行すれば望ましい結果は得られる。テイラーイズムの成功例として各所に登場したシュミットという男は利発な方ではなかったそうだから、誰でもできる方法なのだろう。

がしかし、その「神話」は間違いを含むものだった。科学として標榜され浸透し、実際に成果を挙げたにもかかわらず、それらは知見としてはほとんど科学的とはいえなかったのである。ただ繰り返し、不思議であり、考えないといけないことがある。科学的でないにもかかわらず支持を得て、科学的でないにもかかわらず成果を挙げた、というところである。

一般人による誤解と創造

現代のＥＢＭの進展においても、科学者が発見した知を一般人が受け取ってそれを使えば何か望ましい結果が得られるはずだという構造は根強く信奉されている。実際、それがうまく作用している場面も少なくないだろう。ＥＢＭのための社会的な努力は日々積み重ねられており、その進展にはいっそうの期待がもたれる。

でも、それがそんなに簡単な話でないということを、特に「受け手」である非専門家は強く意識する必要がある。いくら科学側が上司のジョークがもたらす正の効果を発見できたとしても、それは上司がジョークをいえば職場が常に良くなるということを、ほとんど意味していない。そして、科学知を実装して活かせるかどうかには「個人差」がある。なぜ「間違っているかもしれない」「一般法則ではない」知を、実際に活かせる人や組織がいるのだろうか。飛躍があることを承知で、それは受け手が誤解を含めて解釈し、想像し、創造するからである。「上司のジョークがもたらす正の効果」なんてまさにそれで、この知見を得た人が実際にとろうとする行動は、千差万別であろう。

専門家発の知見を社会に実装する「EBM的テイラーモデル」がもたらす結果には、実は受け手の自由度がかなり影響する。だからこそ本書は「科学的にこういうことがわかってるのでやってくださいね」という形式ではなく、読み手の思考を問い、鍛える「技法」について考えよう、という体裁をとったのである。役立つ知識をご提供するのでなく、役立てられるように思考を鍛える。その方がよほど、経営学が「使える」ようになるはずだというのが本書の主張である。

2. 素人、無垢、子ども

本書では何度か、素人という言葉を意図的に用いた。一般社会のほとんど全員は、学者ではない素人である。素人にとって有用でないと、社会実装したことにはならないだろう。

実は本書では、この素人という言葉をもっと前面に出す構想もあった。ただ執筆過程でいただいたご意見を含めて、なんかピンとこない、という迷いに陥っていた。「素人質問」は重要なのだけど、素人というのはあまりにネガティブイメージが強い言葉だし、侮りも含まれている。読者の皆様を素人よばわりするのははっきり言って失礼である。

また、現実に専門性をもたない素人であるにもかかわらず、メディア等に登場して専門家然とふるまう人々への非難も高まっている。SNSにも半可通の素人専門家が跋扈している。素人という言葉を用いて、それらの動きを肯定するのはまったく本意ではないし、やるべきでもない。そうした迷いのなかで、なぜ素人という言葉を改めて使う意味があるか、何を伝えるためにそういう語を用いたのか、最後に再訪したい。

無垢であることの強さ

素人には「無垢」という側面がある。例を挙げれば「裸の王様」である。様々な忖度や社会常識が根付いてしまった一般人は、王様が裸であることを指摘できなかった。無垢な子どもこそが、そうした固定観念や空気を打破できたのだった。

裸であることを指摘した子どもは、素人だからそれができたというより、無垢だからそれができたのだろう。その無垢さは武器になり得る。自身の可動部を狭めて、そこから先は何もできませんと言ってしまう専門家に比して、無垢なる人々は行動範囲がのびやかである。専門家も、厳密さを求めるなかで無垢に思考する余地は残さないといけない。

ちなみに両面思考に基づくと、無垢であることの弱点も明らかになる。無垢な言動ばかりしてたらたぶん周りに怒られますよ、ということである。怒られても貫くタフさが必要にはなるだろうし、子どもみたいだと侮られる覚悟も必要である。

子どものように在る

経営学の技法を活かす、専門家の知を受け入れつつ創造に繋げられる性質とはどのようなものだろうか。きっと、「童心」、子どもの心をもつということではないか。

名作童話『モモ』は象徴的である。モモはとにかく人の話を聞く。人の話を聞くので、話してる方も思わず本音を口走ってしまう。第1章で述べたように、ときに専門性をめぐる議論がイデオロギーのぶつけ合いになるのは、専門家側もやっぱり自分たちが正しいと言いたくなるし、立場上強い言葉を使わざるを得ないからである。「社会的要請」「必要性」を喧伝しないといけない状況は、その強迫に拍車をかけてもいるだろう。

でも、もし聞き手がモモだったら、専門家はもっと素直に誠実に、そして有用な知見を語ることができるのでないだろうか。子どものような、モモのような聞き手であることが、サイエンスコミュニケーションにおいては重要なのだ。尤も、「頑なに自説を曲げず聞く耳をもたない態度」もまた、「子どもっぽい」のだけど。

改めて、「経営学を使う」ためには、決して一方通行であってはならない。専門家が特権的に知を授けるのでもないし、社会が口を開けて科学を待つのでもない。聞き手として柔らかさをもちながらコミュニケーションすることで、学問の効果はますます増進するだろう。役立つものを探すのでなく目の前のものを役立てるヒントが、そこにあるはずだ。

3. ふだん使いの三つの思考

最後に、本書が提示した三つの思考を、改めておさらいしておこう。

条件思考については、成果主義を例に挙げて考察した。成果主義にせよ、何かたった一つの施策だけで望ましい結果が得られるということは、社会において考えづらい。成果主義に対する能力開発の機会のように、何らかの条件に支えられてこそ望ましい結果がもたらされる。

まったくシンプルなX→Y、単一の原因から常に単一の結果、という観念を留保して、何か一つの制度だけで窮状が打破されるなんて都合のいい欲望を捨てて、条件思考をとることで成功への道筋がみえてくるはずだ。

次に両面思考を扱った。題材は官僚制である。さんざん悪者扱いされてきた制度にも、良い面と悪い面の両方がある。今肯定されるものにも悪い側面はある。逆に悪者扱いされていても良い効果を発揮する可能性がある。さらにその「良い悪い」もまた、価値合理性に左右される。

つまり、社会や会社には複数の価値観が介在するために一概に良い悪いということは難しいし、時とともに価値観が移ろうことも当然あり得る。両面思考を用いることは、片面だけを過信してウラの結果が「想定外」にならないように、長い目で見て失敗を回避することの一助になるだろう。

最後に箴言思考である。科学とEBMをテーマにして、科学的な言明が現実の世界に何をもたらすかについて考察した。特に現代的な科学知は厳密であることを追求する。しかしどこまでも厳密であったとしても、望ましい結果が発現するとは限らない。

だったら、厳密な科学知から「箴言」を抽出して、受け手の自由度を高めて活用するのがよいだろうというのが箴言思考である。これは実は、厳密な科学にますます傾倒する経営学からは距離を置かれつつある、ドラッカーやワイクのアイデアを再訪する試みでもある。別にドラッカー復古運動をしようというのでなく、ドラッカーがたしかに世に支持され役に立ってきたなら、それは活かした方がいいだろうという実用主義的な発想に基づく。

こういう三つの思考を用いながら科学たる経営学と接することで、われわれはふだんから科学の叡智をまとって思考することができるようになるのでないか。本書はそう提案する本なのである。

学者はやっぱり科学の子

締めくくりに、本書は決して「アンチ科学」でないことは強調しておきたい。科学は万能でない、ということを再三述べたことからも、この本は反科学なのだろうかと思った方はいるだろう。とんでもない。むしろ、どこに限界があるか見定め、その限界をはっきり言明することは、まぎれもない「科学的態度」である。

最後の素人質問を投げかけたい。科学とは何だろうか？

科学なるモノは、あまりに蓄積が膨大で連綿としているため、その全容を語ることがきわめて難しい。なので本書でも、「ある視点からみた側面」を語ることしかできない。その前提で、科学の特徴を改めて三つ挙げたい。以下に述べることは、そんなの科学じゃないと思うかもしれないが、十分「科学的」である。

まず、科学は限界を見定めることに長けている。科学がそこまでに厳密であろうとする理由は、科学は正しくあろうとするからである。そして正しくあろうとすると、当然言い切れることは小さくなっていく。科学とは本質的に、言明できる範囲を狭めて、大量の

「そうとは言えない」区分を設けて、そして「これだけは言える」部分を囲い込む営為である。

それこそ、科学は基本的に未来において成立することを保証していない。「科学とは、今日信じていることが明日覆る可能性を認めること」なのだ。そこまでストイックに可能性について慎重になった結果として、事実はもたらされるのである。

次に、科学は集合的である。ニュートンの「巨人の肩に乗る」という言葉の通り、科学は過去の蓄積と常に同期している。たった一人で科学的な創造をなしとげるなど、ないと思ってよい。だから「論文を書いている一人の専門家」に頼ればなんとかなるという発想自体が非科学的である。もちろん卓越した個人は存在するなかで、その背後にある集団の存在は、いつも意識されていてよいだろう。

最後に、科学は倫理に支えられている。科学的であるためには誠実でないといけない。精神論が介在しないと、限界を自分の恣意で動かしてしまうだろうし、集団とうまくやっていけはしない。科学は他人を叩く棒でもないし、錦の御旗でもない。他人ともう少しだけうまくやっていくための道具であり、もしかしたら社会を良くすることができるかもしれない。そんな技法のひとつとして、経営学をぜひ使ってみていただきたい。

おわりに　経営学の同人誌

本書は科学的態度に基づいて書かれている。それはつまり、本書もまた集合的な生産物であることに間違いなく、本書の執筆にあたって様々な方にご協力をいただいた。

「あいだ研」とよばれる、自由で知的なコミュニティにはいつも示唆と勇気をいただいている。筆者の鬱々した議論に親身に付き合っていただいた園田薫さん、樋口あゆみさん、長谷部弘道さん、吉田航さんには、感謝にたえない。なかでも樋口さんには、タイトルや方向性について的確なアドバイスを多々いただいた。本書は実は、コンセプトやタイトルが二転三転し、かなり混迷してしまった。

没タイトル案を列挙しておこう。「経営学を考え直す」「経営学を問い直す」「素人（しろうと、シロート）経営学」「経営学に聞いてみる」…。「経営学の技法」が一番よかったんじゃないですかね、と読者の方に言ってもらえることを願っている。

本の全体を通して、堀尾柾人さんにもフレンドリー・レビューをお願いした。堀尾さんは突然送り付けられる駄文を読みこなし、こちらの意を汲みつつも決して忖度することなく、本書に対して率直なご意見をいただくことができた。まさに「モモ」のような堀尾さんの助力があって、なんとか本書をまとめ上げることができた。

同僚である元木康介さんには、特に第4章に関わる科学的なあれこれについて多々ご教示いただいた。言うまでもなく本書の文責のすべては筆者にあるが、素人同然の筆者に対して的確な知見を示していただいたことで、本書の厳密性はマシになっているはずだ。きわめて優秀で、そしてそれ以上に無償の協力を惜しまない、まさに科学的に真摯な元木さんには、同僚になれたということ自体に、この場をお借りして深く感謝したい。

本書で引用あるいは名前を挙げた諸先生方にも、御礼申し上げたい。まるで知人のように馴れ馴れしくお名前を挙げているものの、筆者が直接お知り合いである方は数少ない。また直接名前を挙げていない方にも、多くのヒントをいただいた。特に小澤遼さん、科部元浩さんには、「専門家」の見地から議論に付き合っていただき、それらは本書の中核となるアイデアに繋がっている。

本書は「換骨奪胎本」であり、経営学の同人誌みたいなもので、たくさんの先人の知によって編まれた本であることを重々断ったうえで、素晴らしい先達の方々に改めて謝意を申し上げたい。

また前職の京都産業大学時代の同僚である井口衡さん、シンハヨンさん、須賀涼太さん、新田隆司さんにも、多々アドバイスをいただいた。本書が「ふだん使い」をテーマにしている限り、日常の生き方は本書とまったく無関係ではない。研究者としての生活を豊かにしてくれた皆様のことを大変ありがたく感じている。

加えて、柴田巧さん、柴田理さん、浜本哲さんにも、祝福と感謝を申し上げたい。

最後に、本書執筆のきっかけをいただいた日経BPの石純馨さんに、感謝とお詫びを申し上げたい。石さんは、学会の仕事でご一緒した古瀬公博先生から、教え子であるということでご紹介をいただき、本書の構想が開かれていった。また石さんには桜井保幸さんをご紹介いただき、拙著を紹介するきっかけもいただいた。古瀬先生と桜井さんにも、この場をお借りして御礼申し上げたい。

石さんは、タイトルやコンセプトがあれこれと二転三転し、さらに遅滞する原稿に対して、粘り強く建設的にご対応いただいた。書籍なるものは決して独力で世に出ることがない、とても集合的な産物である。ご尽力に少しでも報いることができれば幸いである。

経営学者　舟津昌平

朝日新聞.「機能性表示食品、『根拠』に社員の論文のケース『紅麹』サプリも」 https://digital.asahi.com/articles/ASS7S44V6S7SUTFL013M.html

三重県デジタル社会推進局デジタル改革推進課資料https://www.pref.mie.lg.jp/common/content/001074479.pdf

Academy of Managementによる「リーダー・ユーモア」の紹介記事. https://journals.aom.org/doi/abs/10.5465/amj.2014.0358.summary

DIAMONDonline「タバコが健康に悪いなんて、誰でも知っている」養老孟司がそれでも禁煙しないワケ」https://diamond.jp/articles/-/330511

The Guardian, Tobacco giant accused of ‘manipulating science’ to attract non-smokers. https://www.theguardian.com/global-development/article/2024/jun/28/tobacco-giant-philip-morris-pmi-accused-manipulating-science-attract-nonsmokers-iqos-targeting-politicians-doctors-tokyo-olympics

第5章

エンデ，M. 著，大島かおり 訳.（2005）. モモ. 岩波少年文庫.

兒玉公一郎．(2020)．業界革新のダイナミズム：デジタル化と写真ビジネスの変革．白桃書房．
蔡芒錫．(2015)．ホーソン研究：そのアナザー・ストーリー．専修マネジメント・ジャーナル, 5(2), 13-24.
トゥーリッシュ，D. 著，佐藤郁哉 訳．(2022)．経営学の危機：詐術・欺瞞・無意味な研究．白桃書房．
林岳彦．(2023)．Evidence-Based Practicesにとって「良いエビデンス」とは何か―統計的因果推論と質的知見の関係を掘り下げる．井頭昌彦編著『質的研究アプローチの再検討―人文・社会科学からEBPsまで』勁草書房．
林岳彦，& 加納寛之．(2024)．“ポスト・エビデンスピラミッド”の歩き方：―「5評価軸×3段階の評価枠組み」と「GRADEシステム」を例に．経済セミナー, 739, 46-51.
フーコー，M. 著，田村俶 訳．(1977)．監獄の誕生：監視と処罰．新潮社．
松村一志．(2021)．エビデンスの社会学：証言の消滅と真理の現在．青土社．
ワイク，K. E. 著，遠田雄志訳．(1997)．組織化の社会心理学（第2版）．文眞堂．
Bedeian, A. G., & Wren, D. A.(2001). Most influential management books of the 20th Century. *Organizational Dynamics*, 3(29), 221-225.
Cook, T. D., Campbell, D. T., & Day, A.(1979). *Quasi-experimentation: Design & analysis issues for field settings*. Boston: Houghton Mifflin.
Cooper, C. D., Kong, D. T., & Crossley, C. D.(2018). Leader humor as an interpersonal resource: Integrating three theoretical perspectives. *Academy of Management Journal*, 61(2), 769-796.
Hu, X., Parke, M. R., Peterson, R. S., & Simon, G. M.(2024). Faking it with the boss's jokes？ Leader humor quantity, follower surface acting, and power distance. *Academy of Management Journal*,(ja), amj-2022.
Luoma, J., & Hietanen, J.(2024). Reflexive Quantitative Research. *Academy of Management Review*,(ja), amr-2021.
Someko, H., Yamamoto, N., Ito, T., Suzuki, T., Tsuge, T., Yabuzaki, H., ... & Kataoka, Y.(2024). Misleading presentations in functional food trials led by contract research organizations were frequently observed in Japan: meta-epidemiological study. *Journal of Clinical Epidemiology*, 169, 111302.
Tseng, V., & Coburn, C.(2019). Using evidence in the US. In What Works Now？ In A. Boaz, H. Davies, A. Fraser, & S. Nutley(Eds.)*What works now？: Evidence-informed policy and practice*(pp. 351-368). Bristol, UK: Policy Press.

鈴村美代子.（2021）. 官僚制論と経営合理性. 風間信隆編著『合理性から読み解く経営学』文眞堂.
高橋伸夫.（2011）. 殻（1）〝鉄の檻再訪〟再訪. 赤門マネジメント・レビュー, 10(4), 245-270.
長岡克行.（2006）. ポスト官僚制？：企業の管理様式と意思決定過程について. 東京経大学会誌, 250, 233-250.
沼上幹.（2000）. 行為の経営学：経営学における意図せざる結果の探究. 白桃書房.
野中郁次郎, & 竹内弘高.（1996）. 知識創造企業. 東洋経済新報社.
松嶋登, & 浦野充洋.（2013）. イノベーションを創出する制度の働き. 国民経済雑誌, 207(6), 93-116.
山口一男.（2022）. EBPMと戦後日本の近代化論. RIETI新春特別コラム. https://www.rieti.go.jp/jp/columns/s22_0017.html
渡辺周.（2023）. 組織の〈重さ〉全7回の調査からの知見. 加藤俊彦・佐々木将人編著『「行為の経営学」の新展開―因果メカニズムの解明がひらく研究の可能性』第5章, pp. 91-112.
Brandtner, C., Powell, W. W., & Horvath, A.(2024). From iron cage to glass house: Repurposing of bureaucratic management and the turn to openness. *Organization Studies*, 45(2), 193-221.
DiMaggio, P. J., & Powell, W. W.(1983). The iron cage revisited: Institutional isomorphism and collective rationality in organizational fields. *American Sociological Review*, 48(2), 147-160.
Dobusch, L., Dobusch, L., & Müller-Seitz, G.(2019). Closing for the benefit of openness? The case of Wikimedia's open strategy process. *Organization studies*, 40(3), 343-370.
Rosenbloom, R.S., & Spencer, W. J.(1996). *Engines of Innovation: U.S. Industrial Research at the End of an Era*, Harvard Business School Press, Boston(西村吉雄訳『中央研究所の時代の終焉』日経 BP.)

第4章

伊芸研吾.（2024）. エビデンス業界の市場分析. 経済セミナー, 739, 34-39.
池田浩, & 森永雄太.（2017）. 我が国における多側面ワークモチベーション尺度の開発. 産業・組織心理学研究, 30(2), 171-186.
大木清弘, & 藤本隆宏.（2023）. ライトブルー人材：ブルーカラーとホワイトカラーの二元論を超えた人材像の提示. *MMRC Discussion Paper Series*, 557, 1-38.

Journal of Personality and Social Psychology, 18(1), 105-115.
Mena, C., Karatzas, A., & Hansen, C.(2022). International trade resilience and the Covid-19 pandemic. *Journal of Business Research*, 138, 77-91.
江夏幾多郎.（2014）. 人事評価の「曖昧」と「納得」. NHK出版新書.
大竹文雄, & 唐渡広志.（2003）. 成果主義的賃金制度と労働意欲. 経済研究, 54(3),193-205.
荻原祐二.（2017）. 日本における成果主義制度導入状況の経時的変化 年功制の縮小と年俸制の拡大（1991~2016）. 科学・技術研究, 6(2), 149-158.
金榮愨, 権赫旭, & 深尾京司.（2019）. 日本経済停滞の原因と必要な政策：JIP 2018による分析. RIETI Policy Discussion Paper Series, 19, 1-21.
玄田有史, 神林龍, & 篠崎武久.（1999）. 職場環境の変化と働く意欲・雰囲気の変化. 社会経済生産性本部（編）『職場と企業の労使関係の再構築―個と集団の新たなコラボレーションにむけて―』pp. 43-67.
玄田有史, 神林龍, & 篠崎武久.（2001）. 成果主義と能力開発：結果としての労働意欲. 組織科学, 34(3), 18-31.
高橋伸夫.（2004）. 虚妄の成果主義：日本型年功制復活のススメ. 日経BP社.
立道信吾, & 守島基博.（2006）. 働く人からみた成果主義. 日本労働研究雑誌, 554, 69-83.
守島基博.（2004）. 成果主義は企業を活性化するか. 日本労働研究雑誌（労働政策研究・研修機構）, 525, 34-37.
柳淳也.（2024）. 企業経営におけるEquityの意味とはなにか. 日本労働研究雑誌, 766, 42-50.

第3章

太田肇.（1996）. 有機的組織と官僚制組織：どちらが人間的か. 組織科学, 29(3), 15-24.
奥山敏雄.（1999）. 組織の社会学理論におけるメタファーの意味. 組織科学, 33(1), 4-13.
加藤俊彦, &佐々木将人.（2023）.「行為の経営学」の新展開―因果メカニズムの解明がひらく研究の可能性. 白桃書房.
金井壽宏, 沼上幹, & 米倉誠一郎.（1994）. 創造するミドル：生き方とキャリアを考えつづけるために. 有斐閣.
菅野正.（1971）. M・ウェーバーにおける近代社会の「合理性」について：「形式合理性」と「実質合理性」の問題. 社会学評論, 21(4), 2-16.

参考文献一覧

第1章

隠岐さや香．(2023)．アカデミーと「自由」―18世紀パリ王立科学アカデミーの理念と実際．ゲシヒテ, 16, 48-58.

小林康夫，& 船曳建夫．(1994)．知の技法：東京大学教養学部「基礎演習」テキスト．東京大学出版会.

椙山泰生，長内厚，亀岡京子，& 舟津昌平．(2023)．越境協働の経営学―組織と国の境界を越えた事業プロセス．白桃書房.

ドラッカー，P. F. 著，上田惇生 訳．(2001)．マネジメント―基本と原則．ダイヤモンド社.

平石界，& 中村大輝．(2021)．心理学における再現性危機の10 年―危機は克服されたのか，克服され得るのか―．*Philosophy of Science/Kagaku Tetsugaku*, 54(2), 27-50.

Bem, D. J.(2011). Feeling the future: experimental evidence for anomalous retroactive influences on cognition and affect. *Journal of Personality and Social Psychology*, 100(3), 407.

Kramer, M. R., & Porter, M.(2011). Creating shared value. *Harvard Business Review*, Jan-Feb, 1-17.

日経XTECH「日本の行く末を考える：産業革命をイノベーション論から捉え直す(6)」https://xtech.nikkei.com/dm/article/COLUMN/20080625/153855/?P=2

日経ビジネス「ドラッカーはなぜ、『世界標準の経営学』から忘れられたのか？」https://business.nikkei.com/atcl/gen/19/00087/100700094/

日本経済新聞「『学歴なんて関係ない』の真実　生涯賃金これだけ違う」https://www.nikkei.com/article/DGXMZO15805150X20C17A4000000/

文部科学省「国立大学法人等の組織及び業務全般の見直しについて（通知）」https://www.mext.go.jp/b_menu/shingi/chousa/koutou/062/gijiroku/__icsFiles/afieldfile/2015/06/16/1358924_3_1.pdf

（以下，URLはすべて2024年8月に取得）

第2章

Deci. E. L.(1971). Effects of externally mediated rewards on intrinsic motivation.

著者

舟津昌平（ふなつ・しょうへい）

経営学者。1989年奈良県生まれ。京都大学法学部卒業、京都大学大学院経営管理教育部修了、専門職修士（経営学）。2019年京都大学大学院経済学研究科博士後期課程修了、博士（経済学）。京都産業大学経営学部准教授などを経て、2023年10月より東京大学大学院経済学研究科講師。著書に『Z世代化する社会：お客様になっていく若者たち』、『制度複雑性のマネジメント』（2023年度日本ベンチャー学会清成忠男賞書籍部門受賞、2024年度企業家研究フォーラム賞著書の部受賞）、『組織変革論』など。

経営学の技法

ふだん使いの三つの思考

2024年11月15日　1版1刷

著　者　舟津昌平
©Shohei Funatsu, 2024

発行者　中川ヒロミ

発　行　株式会社日経BP
日本経済新聞出版

発　売　株式会社日経BPマーケティング
〒105-8308 東京都港区虎ノ門4-3-12

ブックデザイン　川添英昭
組　版　マーリンクレイン
編　集　石純馨
印刷・製本　シナノ印刷株式会社

ISBN 978-4-296-12056-7
Printed in Japan